KB076826

사춘기 국어 교과서

생각을 키워주는 10대들의 국어책

사춘기 국어 교과서

2011년 5월 2일 제1판 제1쇄 인쇄
2013년 6월 10일 개정판 제1쇄 인쇄

지은이   김보일, 고흥준
그린이   마정원
펴낸이   강봉구

책임편집 강동준
마케팅   윤태성
디자인   bonggune
출력   한컴
인쇄제본 (주)아이엠피

펴낸곳   작은숲출판사
등록번호 제313-2010-244호
주소   121-894 서울시 마포구 합정동 367-9
전화   070-4067-8560
팩스   0505-499-8560
홈페이지 http://cafe.daum.net/ittlef2010
페이스북 http://www.facebook.com/ittlef2010
이메일   littlef2010@daum.net

ⓒ 김보일, 고흥준, 마정원

ISBN 978-89-965430-3-9 43710
값 14,000원

생각을 키워주는 10대들의 국어책

사춘기 국어 교과서

김보일·고홍준 쓰고 마정원 그리다

작은숲

강신주의 책 ≪철학 VS 철학≫을 읽다 보니 비트겐슈타인의 언어 철학을 설명하면서 저자가 재미있는 예를 들고 있습니다.

"만약 장기를 두는데 '차(車)'라는 장기짝이 없다면, 우리는 체스 말 가운데 '비숍(bishop)'을 가지고 와서 대신 사용하면 된다. 이 경우 누군가 장기판을 보고서 비숍을 그렇게 움직이면 안 된다고 이야기할 수 있을 것이다."

장기판에서 '차'는 전후좌우로만 움직여야 하고, 체스판의 '비숍'은 대각선으로만 움직여야 하죠. 그런데 비숍이 전후좌우로 움직이니 이것은 명백히 규칙 위반입니다. 하지만 비숍이 움직이는 바로 '이곳'은 장기판이지 체스판이 아닙니다. 엄연히 장기판에는 장기판의 규칙이 있고, 체스판에는 체스판의 규칙이 있습니다. 판이 바뀌면 규칙도 바뀌기 마련이죠. 전쟁이 나면 승용차도 환자를 나르는 구급차가 될 수 있고, 구급차도 군인들을 태우는 작전용 차가 되지 않던가요. 과연 사물에 변하지 않는, 어떤 고유의 기능과 규칙이 있다고 할 수 있을까요?

언어는 놀이와 같은 것입니다. 놀이에는 지켜야 할 규칙이 있습니다. 금을 밟아서도 안 되고, 술래가 "무궁화꽃이 피었습니다."라는 말을 끝내기 전에 움직여서도 안 되죠. 그러나 잘 생각해 보면 놀이의 규칙은 고정불변이 아닙니다. 놀이의 규칙은 언제든 바꿀 수 있습니다.

가령, 축구는 각 팀이 열한 명씩 뛰는 경기지만 사람들의 숫자가 적으면 다섯 명이 하는 놀이로도 바꿀 수 있고, 숨바꼭질의 술래는 본래 한 명이지만 술래를 두 명이나 세 명으로 바꿀 수도 있습니다. '동네 축구'에서는 오프사이드를 적용하지 않을 수도 있고, '동네 야구'에서는 도루를 없앨 수도 있습니다. 그렇다고 동네 축구에서 핸들링까지 허용하지는 않습니다. 왜 그럴까요? 핸들링을 허용하면 축구 본연의 재미가 없어지기 때문이겠죠.

놀이의 재미를 위해 어떤 규칙은 무시하고 어떤 규칙은 준수합니다. 재미를 위해 놀이의 규칙을 바꾸기도 한다는 것, 바로 이것이 놀이의 생명력입니다. 놀이의 규칙은 바꿀 수 없다거나 규칙을 반드시 지켜야 한다고 고집하면 놀이는 따분하고 피곤해집니다.

● 우리는 언어도 마찬가지라고 생각합니다. 문법은 지켜야 합니다. 축구에서 손으로 공을 잡아서는 안 된다는 핸들링의 규칙을 지켜야 하듯, 언어에서도 문법의 기본은 지켜야 합니다. 엄연히 언어의 규칙이 존재하는데 그것을 깨는 것은 온당한 일이 아닙니다. 그러나 모든 언어의 규칙이 이렇다면 '말을 한다는 것'은 아주 피곤한 일이 되겠지요.

모든 언어는, 기존의 규칙과 새로운 규칙이 갈등하고, 과거의 규칙이 흔들리고 깨지면서, 새로운 규칙이 태어나는 끊임없는 변화의 과정 속에 있습니다. 어떤 불변의 규칙이 놀이의 한복판에 자리 잡고 완강히 주인 행세를 하려고 한다면, 언어는 그 본래의 생명력을 잃을 수도 있겠지요.

인터넷에 떠도는 수많은 언어들을 생각해 보세요. 언중은 누구도 예상하지 못한 발랄한 상상력으로 언어라는 놀이의 규칙을 흔들어 놓습니다. 때론 그 상상력이 지나쳐 혼란을 야기하기도 하지만 언어라는 강물은 혼란스러운 잔물결들을 껴안고 유유히 흘러갑니다. 물론 언중이 사용하는 모든 언어가 올바르다는 것은 아닙니다. 문법을 몰라도 언어 생활은 가능하지만 문법이 있어 우리의 삶은 더 잘 매끄럽게 흘러간다는 사실을 잊어서는 안 되겠죠.

● 말은 생각을 바꿉니다. 여러분은 '딸'이나 '아들'로 불릴 수도 있고, '장학생'으로 불릴 수도 있으며, 가끔은 인터넷에서 사용하는 닉네임으로 불릴 수도 있습니다. 그 대상은 한 사람이지만, 어떻게 불리느냐에 따라서 그 사람의 행동도 달라질 수가 있겠지요. '학생'이라고 불릴 때와 '반장'이라고 불릴 때, 사람의 행동이 어떻게 달라질 것인지를 상상하기는 어렵지 않습니다. 말에는 이렇게 사람됨을 바꾸고 만들어 가는 힘이 있습니다.

절에서 스님들이 공부를 하다 졸면 큰스님이 '죽비'로 살짝 내리치십니다. '죽비'는 한 사람에게 고통을 준다는 의미에서 보면 '매'라고도 할 수 있습니다. 이런 경우 죽비가 매인지 아니면 정신의 가르침을 대신하는 것인지 논란이 생길 수도 있겠지요. 이런 논란은 생각이 다르기 때문에 나타나는 것입니다.

이 책에서 우리는 말이 어떻게 생각을 바꾸고, 생각이 어떻게 말을 바꾸는가에 대해서 나름대로 고민을 해 봤습니다. 생각은 바뀌었는데 말이 바뀌지 않았다면 말도 바뀌어야 합니다. 새로운 생각이 낡은 부대 안에 담긴다면 그것은 새로운 생각이기 힘드니까요.

변화의 흐름이 거센 오늘날, 수많은 생각과 말이 태어납니다. 어떤 언어는 기존의 부대에 잘 담기지만 어떤 언어는 잘 담기지 않습니다. 이때 언중은 새로운 규칙을 만들어 갑니다. 언중이 새로운 규칙을 만들어 가면서 언어에 활력을 불어넣는 것을 지켜보는 일은 재미있는 경험입니다.

이 책은 언어라는 강둑에 서서 언어가 흘러가는 모양새를 재미 있게 바라본 두 사람의 기록입니다. 궁금한 것은 많고 아는 것은 적어, 여러 가지로 부족한 것이 많습니다. 하지만 우리말에 대해서 한 번쯤 고민하고 넘어가야 할 것들과 우리가 느꼈던 말의 재미를 독자들과 같이 나누었으면 하는 바람에서 책을 엮었습니다.

한국어란 주제를 놓고 꼬리에 꼬리를 물고 늘어지던 두 사람의 입씨름을 지켜보며 조언과 생각거리를 던져 준 강봉구 군도 이 책의 또 다른 저자라고 할 수 있습니다. 고마운 마음을 전합니다.

여러분의 곁으로 힘찬 한국어의 강물이 끝없이 흐르기를 진심으로 바랍니다.

2011년 4월

보일 · 홍준

○ 차례

2 말에도 지느러미가 있다

③ 정치적인 말, 사회적인 말

4 말 속에 담긴 우리의 자화상

⑤ 한국인을 위한 한국어

한국어에 숨어 있는 이야기

1

'ㄱ'은 어떻게 읽을까?

국어 시간에 선생님께서 칠판에 'ㄱ'을 쓰고는 읽어 보라고 하신다. 학생들이 '우리가 유치원생도 아니고 갑자기 왜?', '설마, 그것도 모를까 봐?' 웅성거리는 사이 철수가 자신 있게 손을 들더니 대답한다.

"선생님, 'ㄱ'은 '기역'이라고 읽습니다."

과연 철수의 대답은 옳을까? 이에 대한 답은 잠시 미루고, 우선 영어를 표기하는 로마자 'a'는 어떻게 읽는지 살펴보자.

'a'는 '에이'라고 읽을까? 아니다. 'a'를 읽는 법은 단어마다 다르다. 몇 가지 예를 보자. 'army[aːrmi]'에서는 [a]로, 'allow[əlau]'에서는 [ə]로, 'at[æt]'에서는 [æ]로 읽는다. 즉, 영어 알파벳 'a'는 이름이 '에이'일 뿐이고, 여러 발음이 존재한다. 마찬가지로 '기역'은 'ㄱ'의 이름일 뿐이지 'ㄱ'을 읽는 법이 아니다.

≪훈민정음≫에 보면 다음처럼 나와 있다.

ㄱ 牙音 如君字初發聲

위의 문장을 풀이하면 "ㄱ은 아음(牙音)인데, '군(君)' 자의 첫소리와 같다."라는 뜻이다. 즉 '군'에서 'ㅜ'와 'ㄴ'을 떼어 버리고 남은 것이 바로 'ㄱ'의 소리임을 알려 주고 있다.

그럼 왜 이런 설명이 필요했을까? '훈민정음'을 만들 당시에는 지금과 달리 소리를 기록할 방법이 없었다. 텔레비전이나 인터넷 강의도 없으니 소리를 들려줄 방법도 없었을 것이다. 그렇다고 세종 대왕이나 집현전 학자들이 직접 백성을 찾아다니면서 "여봐라, 이건 이렇게 읽는 것이니라." 하고 저자 직강을 할 수도 없는 노릇이다. 그래서 위에 나온 것처럼 이미 통용되고 있는 한자의 음을 빌려 "'ㄱ'은 '군(君)'의 첫소리와 같다."라고 설명한 것이다.

‘ㄱ·ㄷ·ㅅ’을 제외한 나머지 자음의 이름에는 일정한 규칙이 있다. 자모에 ‘ㅣ’를 더해 첫음절로 하고, ‘으’ 밑에 해당 자모를 더해 둘째 음절로 삼는다. 그래서 ‘ㄹ’을 ‘리을’, ‘ㅇ’을 ‘이응’, ‘ㅊ’을 ‘치읓’처럼 적는다. 이에 따르면 ‘기역’은 ‘기윽’이 되어야 할 텐데 왜 ‘기역’이라고 한 것일까?

1527년 최세진이 지은 ≪훈몽자회≫를 보면 ‘ㄱ’은 ‘其役기역’, ‘ㄴ’은 ‘尼隱니은’, ‘ㄹ’은 ‘梨乙리을’, ‘ㅁ’은 ‘眉音미음’처럼 한자로 적어 놓았다. 이때도 ‘기역’을 빼면 위에서 말한 ‘으’ 밑에 해당 자모를 더하는 규칙이 보인다. 그럼 ‘기역’만 다른 자모와 달리 표현한 이유는 무엇일까? 한자 중에 ‘윽’이라는 글자가 없기 때문이다. 그래서 발음이 비슷한 ‘역(役)’으로 적었다.

이후 김두봉의 ≪조선말본≫에서 'ㄱ'을 '기윽'이라 하기도 했으나, 1933년 조선어 학회의 <한글 마춤법* 통일안>에 이르러 '기역'으로 명칭을 결정했다. 오랫동안 '기역'이라고 부르고 써 온 관례를 인정한 것이다.

● **남한과 북한의 자음 차이**

북한에서는 'ㄱ'을 '기윽'이라고 한다. 'ㄷ'과 'ㅅ'도 남한과 달리 '디읃'과 '시읏'이라고 한다. 남한은 'ㄱ·ㄷ·ㅅ'에 대해 관용을 허용했고, 북한은 모든 자음의 이름을 규칙적인 형태로 통일했다. 겹글자의 이름도 다르다. 남한에서는 '쌍기역'이라고 하는데, 북한에서는 '된기윽'이라고 한다. 모음의 경우는 남과 북이 같다.

	남한 명칭	북한 명칭
ㄱ	기역	기윽
ㄷ	디귿	디읃
ㅅ	시옷	시읏
ㄲ	쌍기역	된기윽
ㄸ	쌍디귿	된디읃
ㅃ	쌍비읍	된비읍
ㅆ	쌍시옷	된시읏
ㅉ	쌍지읒	된지읒

* '마춤법'은 당시 표기.

또 'ㄷ'과 'ㅅ'의 명칭이 앞의 규칙을 따르지 않은 이유도 비슷하다. ≪훈몽자회≫에 보면 'ㄷ'은 '池末'로 'ㅅ'은 '時衣'로 되어 있는데 이때 동그라미 표시는 실제 독음이 아니라 훈독, 즉 뜻을 헤아려 읽으라는 의미다. 하나씩 살펴보자.

• ㄷ(池末)의 경우

'池'는 중세에 '디'로 읽었고, '末'은 '귿(끝) 말'이라고 했다. 여기에 동그라미 표시가 있으므로 훈독하여 '귿'처럼 읽으라는 말이다. 따라서 '디귿'이 된다.

• ㅅ(時衣)의 경우

'시(時)'는 그대로 읽으면 된다. 그런데 '옷 의(衣)' 자에 동그라미 표시가 있으므로 이 역시 훈독하여 '의'가 아니라 '옷'으로 읽으라는 뜻이다. 따라서 '시옷'이 된다.

● 호글

위의 '호글'은 어떻게 읽을까? ㅎ 밑에 있는 'ㆍ'의 이름은 '아래아' 이고 흔히 [아]로 읽는다. 만약 이렇게 읽는 것이 옳다면 이미 'ㅏ' 가 있는데 왜 똑같은 발음을 가진 글자를 하나 더 만든 것일까? 혹시 'ㅏ'와 다르게 읽고, 쓰임 또한 달랐기 때문은 아닐까?

이 역시 《훈민정음》을 만들 당시 'ㆍ'를 어떻게 읽는지 녹음해 놓은 것도 아니고, 지금은 사라지고 없는 발음이기 때문에 문헌을 통해 짐작만 할 수 있을 뿐이다.

《훈민정음》에서는 'ㅗ'는 'ㆍ'와 같으나 입이 오므라진다[ㅗ與ㆍ 同而口蹙]고 했고, 'ㅏ'는 'ㆍ'와 같으나 입이 벌어진다[ㅏ與ㆍ同而 口張]고 했다. 이 내용을 참고하면 [ㅏ]와 [ㅗ]의 중간쯤 되는 소리 가 아니었을까 짐작할 수 있다. 현대를 살고 있는 우리는 낼 수 없 는 소리다. 따라서 우리가 '호글'이라고 쓰고 [한글]이라고 읽거나, '씨을'이라고 쓰고 [씨알]이라고 읽는 것은 편의상 그런 것일 뿐, 엄 격하게 말하면 잘못이다.

한글은 모두 몇 자일까?

선생님께서 또 질문하신다.

"한글*은 모두 몇 자일까?"

철수가 이번만큼은 틀리지 않을 자신이 있다는 듯 대답한다.

"한글은 모두 24자입니다."

과연 철수의 대답은 옳을까? 먼저 <한글 맞춤법> 규정을 보자.

표1 제4항 한글 자모의 수는 스물넉 자로 하고, 그 순서와 이름은 다음과 같이 정한다.

ㄱ(기역)	ㄴ(니은)	ㄷ(디귿)	ㄹ(리을)	ㅁ(미음)
ㅂ(비읍)	ㅅ(시옷)	ㅇ(이응)	ㅈ(지읒)	ㅊ(치읓)
ㅋ(키읔)	ㅌ(티읕)	ㅍ(피읖)	ㅎ(히읗)	
ㅏ(아)	ㅑ(야)	ㅓ(어)	ㅕ(여)	ㅗ(오)
ㅛ(요)	ㅜ(우)	ㅠ(유)	ㅡ(으)	ㅣ(이)

이 규정에서 '한글 자모의 수는 스물넉 자'라고 했으니 철수의 대답은 옳은 듯하다. 그런데 가만히 보면 여기서 빠진 자모가 있다. 'ㄲ'도 없고, 'ㄸ'도 없다. 'ㅐ'도 안 보이고, 'ㅒ'도 보이지 않는다. 이렇게 앞의 규정에 없는 자모를 모두 찾아보면 다음과 같다.

표2

ㄲ (쌍기역)	ㄸ (쌍디귿)	ㅃ (쌍비읍)	ㅆ (쌍시옷)	ㅉ (쌍지읒)	
ㅐ (애)	ㅒ (얘)	ㅔ (에)	ㅖ (예)	ㅘ (와)	ㅙ (왜)
ㅚ (외)	ㅝ (워)	ㅞ (웨)	ㅟ (위)	ㅢ (의)	

자음 5자와, 모음 11자를 합쳐 총 16자가 더 있다. 표1을 보통 '기본 자모'라고 부르고, 표2를 '합성 자모'라고 부른다. 이처럼 '한글'은 규정에 있는 기본 자모 24자와, 합성 자모 16자를 합쳐 모두 40자다. 여기서 'ㄳ'이나 'ㄵ' 같은 예는 독립된 것이 아니라 두 소리가 합쳐진 것으로 보아 제외한다.

자, 여기서 다시 질문!

"'한글'은 모두 몇 자인가?"

여태 '40자'라고 설명해 놓고 왜 또 똑같은 질문을 하는지 궁금한 사람도 있을 것이다. 표1과 표2에 나온 것은 한글 자모의 수이지, 한

---

* 이때의 '한글'은 '현대'를 기준으로 한다.

글의 수가 아니다. '자모'를 '낱자'라고 하는데 한글은 낱자들을 결합해 만든 '글자'를 가리키는 말이다.

한번 글자를 만들어 보자.

가나다라마바사아자차카타파하
고노도로모보소오조초코토포호
기니디리미비시이지치키티피히
그느드르므브스으즈츠크트프흐
……

이제 겨우 시작했을 뿐인데 벌써 56자나 만들었다. 여기서 끝이 아니다. 이런 식으로 자음과 모음을 결합해서 만들 수 있는 한글의 글자 수는 무려 11,172자다. 하지만 이 글자들이 모두 쓰이지는 않는다. '갋', '뜳', '넓'처럼 일상에서 거의 쓰지 않는 글자를 빼고 나면 대략 2,300여 자 정도가 우리가 실제 쓰고 있는 '한글'이다.

정리해 보자.

"한글의 글자 수는 몇 자일까?"라는 질문에는 "11,172자."라고 대답해야 하고, "한글의 자모는 몇 자일까?"라는 질문에는 "규정에 있는 것은 24자이고, 합성 자모를 합치면 모두 40자."라고 대답해야 한다.

● '·, ㅿ, ㆁ, ㆆ'은 어디로 갔을까?

'훈민정음' 창제 당시 자모의 수는 지금과 달리 '·(아래아)/ㅿ(반치음)/ㆁ(옛이응)/ㆆ(여린히읗)' 4자가 더 있어 모두 28자였다. 현재 이들을 쓰지 않는 것은 음운의 변화에 따라 음가가 사라졌기 때문이다. 이미 1905년 고종에게 올린 상소문 〈신정국문〉에서 지석영은 '·, ㅿ, ㆁ'을 없앨 것을 주장했고, 1930년 〈보통학교 언문 철자법〉에서는 '·'를 폐지했다. 이후 1933년 조선어 학회에서 제정한 〈한글 마춤법 통일안〉에 이르러 현재의 24자와 같은 명칭과 자모를 확정했다.

● '쐤'과 '아햏햏'

한때 인터넷에서 유행했던 말들이다. 이들의 쓰임새는 다양하지만 '쐤'은 주로 '아니 이런!'이란 뜻으로 쓰던 감탄사이고, '아햏햏'은 어떤 상황이 모호함을 뜻하는 의성어로 널리 쓰였다. 이런 용어가 유행했던 것은 글자 조합의 특이성 때문도 한몫했을 것이다. 하지만 현재는 그 재미가 줄어들어 거의 사용하지 않는 추세다. 한때 언중이 널리 썼더라도 실효가 없어지면 단어로 인정하지 않는다.

관심과 애정을 담는 배려의 말

"날이 매우 덥다."라는 말은 단지 기온이 높다는 '사실'만을 표현하는 것에 그치지 않는다. 날이 더우니 빨리 얼음물을 내놓든지, 에어컨을 좀 틀든지 하라는 말이다. 궁극적으로는 듣는 사람으로 하여금 특정 행동을 하도록 요구한다.

말은 사람의 마음을 표현한다는 점에서 '표현의 기능'을 수행한다. "당신은 아름답다."라는 표현에는 나는 당신을 아름답다고 생각하니, 그런 나에게 어떤 행동을 취해 달라는 주문이 담겨 있다. 결국 언어의 표현 기능은 듣는 사람에게 감화 작용을 일으켜 어떤 행동을 하도록 하는 데 있다. 가령, "교실이 더럽다."라는 선생님의 말씀은 교실이 더러우니 빨리 청소를 하라거나, 혹은 교실이 더러우니 앞으로는 휴지를 버리지 말라는 뜻으로 해석할 수 있다. 즉, 교실이 더럽다는 발화는 단지 교실의 청결 상태에 대한 선생님의 생각을 표현하는 것에 그치지 않고, 그 말을 듣는 사람으로 하여금 어떤 행동을 하게 만든다.

　이런 언어의 특성을 일컬어 '지령적 기능'이라 한다. '입산 금지',
'갓길 통행금지', '쓰레기 투척 금지', '담배꽁초를 버리지 마시오'와
같은 말들이 언어의 지령적 기능을 수행하고 있다고 볼 수 있다.

　그런데 지령적 언어들이 반드시 명령문의 형태를 띠고 있지 않다는
데에 주목할 필요가 있다. "일찍 일어나는 새가 벌레를 잡는다."라는
외국의 속담도 따지고 보면 지령적 언어인 셈이다. 빨리 일어날 것을

우리에게 촉구하고 있기 때문이다. "낮말은 새가 듣고 밤말은 쥐가 듣는다."라는 속담도 지령적 기능의 언어인 셈이다. 우리에게 말조심할 것을 권유하고 있기 때문이다. "금강산도 식후경."이란 속담은 어떨까? 마찬가지로 지령적 기능의 언어로 볼 수 있다. 왜? '금강산도 식후경'이란 말에는 "우리, 일단 밥부터 먹고 합시다."와 같은 요청이 들어 있기 때문이다.

심지어는 놀라움을 표시하는 감탄사나 통증을 호소하는 신음 소리마저도 단순히 감정을 표현하는 것에 그치지 않고 타인에게 어떤 행동을 촉구하는 지령적 언어로 기능할 수 있다. 가령 장난으로 친구를 깜짝 놀라게 했을 때, 친구가 "어머나!"라는 감탄사를 내뱉었다면 이는 짓궂은 행동을 중지해 달라는 요청이다. 또한 누군가가 길에 쓰러져 "으으으으~" 하는 신음 소리를 내고 있다면 이 신음 소리도 결국은 타인을 향한 구원의 요청이라고 볼 수 있다.

그런데 모든 말이 그것을 듣는 사람에게 어떤 행동을 촉구하는 것은 아니다. "안녕히 주무세요."라는 말은 명령이 아니다. 빨리 잠드시면 좋겠다는 요청을 담고 있는 말도 아니다. 단순한 인사일 뿐이다. "안녕히 가세요."라는 말도 마찬가지로 상대방이 무사히 갈 것을 명령하거나 권유하는 데 말하기의 목적이 있는 것이 아니다. 이런 말들은 상대방으로 하여금 어떤 행동을 하도록 하는 것이 아니라 상대방에 대한 나의 애정과 관심을 드러내는 데 목적이 있다. 이렇게 상대방과의 친밀한 관계를 확보하기 위해 동원되는 언어가 '친교적 기능'의 언어다.

친교적 기능의 언어는 원만한 사회생활을 하는 데 윤활유와 같은 기능을 한다. 추운 날씨에 나의 집을 방문한 방문객을 침묵으로 맞이 하는 것보다는 "어서 들어오세요. 날씨가 춥죠?"라고 말할 때, 분위 기는 한층 더 정겨워진다. 만약 바깥의 기온이 영하 20도라면 "날씨 가 춥죠?"라는 말은 삼척동자도 아는 분명한 사실을 입 밖으로 꺼낸 것에 불과할지도 모른다. 하지만 주인은 손님에게 춥다는 사실을 환 기시켜 주려고 이런 말을 꺼낸 것이 아니다. 그 말은 '추운 데서 고생 하시지는 않으셨나요?' 하는, 손님에 대한 애정과 관심을 드러내기 위 한 인사로 날씨에 대한 이야기를 꺼낸 것으로 봐야 한다.

친교적 기능의 언어에서는 언어의 지시적 기능이 그다지 중요하지 않다. 쉽게 말해서 친교적 언어의 기능에서는 말 그 자체의 표면적 의 미가 크게 드러나지 않는다. 가령 천둥 번개가 내리치는 아침에 하는 인사로서의 "Good Morning!"이란 말은 단지 인사치레일 뿐이지, '좋은 아침'이라는 지시적 의미를 드러내는 것이 아니다. 병원에서 의사가 환자에게 "잘 주무셨습니까?"라고 말할 때의 문장은 "제가 드린 약을 복용하시고도 잠이 잘 오던가요?"라는 언어의 지시적 의 미가 중시되고 있지만, "안녕히 주무셨어요?"라는 웃어른에 대한 인 사는 제대로 주무셨느냐는 의문의 뜻을 지니고 있지 않다. 즉, 인사로 서의 "안녕히 주무셨어요?"라는 발화에서는 지시적 의미가 중요하지 않다.

식사를 하고 있는 도중에 찾아온 손님에게 인사치레로 집주인은 "함께 드시죠?"라고 말할 때가 있다. 손님이 볼 때, 찬도 없고 밥도 없는데 무엇을 같이 들자는 이야기인지 아리송할 수도 있다. 이럴 때 손님은 불쾌하게 생각하지 말고 이렇게 여기면 된다.

'친교적 언어에 있어서는 언어의 지시적 의미가 중요하지 않아. 그것은 그 사람에 대한 애정과 관심의 표현일 뿐이지.'

그러나 아무리 친교적 기능의 언어가 형식적인 인사치레를 위해 쓰인다 할지라도 그 언어에 담은 마음만은 살뜰할 필요가 있다. 마음에도 없는 말을 단지 형식적인 표정과 말투에 담아서 하다 보면 듣는 사람도 그다지 기분이 좋지 않을 수 있다. 또 그런 인사치레의 형식적인 말투와 표정이 습관화되다 보면 저 사람은 으레 그런 사람이라는 평을 받을 수도 있다.

친교적 기능의 언어에서는 그 언어가 담고 있는 지시적 의미가 그다지 중요하지 않다. 인사는 인사일 뿐이다. 인사치레로 하는 친교적 기능의 언어를 두고 너무 꼬치꼬치 따지면 분위기가 험악해진다. 가령, 부모와 함께 지나가는 어떤 꼬마를 보고 "아이가 예쁘네요!"라고 하는 사람의 말을 이런 식으로 받아치는 것은 실례도 큰 실례다.

"말을 하려면 똑바로 하셔야죠. 눈은 작고, 코는 뭉툭하고, 피부색은 거무튀튀하지 않습니까? 부모인 제가 봐도 이 아이의 미모는 평균 이하인데, 예쁘다뇨?"

사실을 바로 말한다고 해서 관계가 부드러워지는 것은 아니다. 사실보다 중요한 것은 누군가를 배려하는 나의 마음씨다. 바로 그런 마음이 친교의 언어를 만든다. 병색이 완연한 사람에게도 우리는 빨리 회복하라는 격려의 마음을 담아 이렇게 말한다.

"얼굴이 많이 좋아지셨어요. 어서 회복하세요."

이 말은 사실을 담고 있지는 않을지 몰라도 상대에 대한 나의 마음을 담고 있는 말이다.

띄어쓰기 속에도 논리가 있다

아래는 띄어쓰기의 중요성을 강조할 때 흔히 예로 드는 문장이다.

- 아버지가방에들어가신다.
→ 아버지가∨방에∨들어가신다.
→ 아버지∨가방에∨들어가신다.

"봐라, 띄어쓰기는 이처럼 중요하다. 우리의 아버지들, 지금처럼 어려운 시대에 실직의 위험을 무릅쓰고 열심히 일하시는데 우리가 띄어쓰기를 잘못해서 아버지를 가방 안에 넣을 수는 없지 않으냐! 그러니 띄어쓰기 정확하게 해라! 돈 많이 벌어서 효도하면 더 좋고."

구구절절 옳은 말이다. 그런데 가만 생각해 보면, 묘하고 이상한 취미를 갖고 있지 않는 한 과연 아버지가 가방에 들어가는 일이 있을까? 텔레비전 프로그램 '스타킹'에 출연하기 위해서라면 몰라도 실제로 그럴 일은 없을 듯하다. 또 아버지가 들어갈 만큼 큰 가방이 집집마다 하나씩 있을 것 같지도 않다.

현실 언어생활 속에서 우리는 말이나 글을 띄어쓰기에 따라 이해하지 않고, 상황과 맥락에 따라 이해한다. 그래서 '아버지가방에들어가신다'라고 물샐틈없이 붙여 놔도 '아, 아버지가 방에 들어가시는구나.'라고 생각하지, '어라? 아버지가 왜 가방에 들어가시지?' 하고 생각하지 않는다. 결국 앞의 예문은 띄어쓰기의 중요성을 강조하고 있으면서도, 한편으론 띄어쓰기가 그리 큰 의미가 없는 것은 아닌가 하는 의문을 갖게 한다.

하지만 이런 경우는 다르다. '너도박사니?'라는 문장의 띄어쓰기를 아래처럼 달리 해 보자.

- 너도∨박사니? - ①
- 너∨도박사니? - ②

이 문장 역시 '아버지의 가방'처럼 큰 차이가 있다. ①의 문장은 상대가 '박사'인지 묻고 있지만 ②의 문장은 상대가 '도박사'인지 묻고 있다. 띄어쓰기에 따라 박사가 될 수도 있고 도박사가 될 수도 있는 것이다.

또 다른 예를 보자. 어떤 마을에 삼 형제가 살고 있었다. 그중 막내가 사람들에게 이렇게 말했다.

"우리 큰형은 작은형이고요, 우리 작은형은 큰형이에요."

사람들은 어리둥절했다. 큰형이면 큰형이고, 작은형이면 작은형이지, 큰형이면서 작은형이고, 작은형이면서 큰형이라는 것은 논리적으로 말이 되지 않으니까. 하지만 띄어쓰기를 잘하면 이 비논리를 설명할 수 있다.

> 우리 큰형은 작은∨형이고, 작은형은 큰∨형이다.

이때 띄어쓰기를 하지 않은 '큰형'과 '작은형'에서 '큰'과 '작은'은 친족 관계를 나타내는 접사다. 그래서 붙여 썼다. 반면 띄어쓰기를 한 '큰 형'과 '작은 형'에서 '큰'과 '작은'은 키를 의미한다. '크다'와 '작다'를 활용한 관형사형이다. 그래서 띄어 썼다. 즉, 위의 문장은 "우리 맏형은 키가 작고요, 둘째 형은 키가 커요."라는 뜻이다.

이렇듯 띄어쓰기는 의미 분화의 역할을 하면서 논리 구조마저 바꿀 수 있다. 분명 띄어쓰기는 어떤 것이 단어인지 판단해야 하는 문제, 사전에서 표제어로 올린 한 단어의 처리 문제 등 여러 의문을 품고 있는 것은 사실이지만 앞의 예에서 살펴본 것처럼 언어생활에 꼭 필요한 일이기도 하다.

- 동네 아이들의 구슬을 다 따먹다. (상대의 구슬을 얻다)
- 기린은 높은 곳에 있는 나뭇잎도 잘 따 먹는다. (잎을 따서 먹다)

- 자기 뱃속만 채우다. (마음을 속되게 이르는 말)
- 엄마 배 속에 든 아기. (물리적 공간인 배의 속)

- 작은방 (집 안의 큰방과 나란히 딸려 있는 안방)
- 작은 방 (크기가 작은 방)

- 엄마가 뿔났다. (성이 나다)
- 송아지 머리에 뿔 나다. (실제 뿔이 나다)

- 우리 집안은 대대로 뼈대가 있어. (가문)
- 집 안이 온통 쓰레기장. (집의 안쪽)

- 명절 때 큰집에 갔어. (종갓집)
- 자기야, 나는 큰 집이 좋아. (커다란 집)

- 고양이수염 (사초과의 여러해살이풀)
- 고양이 수염 (고양이의 수염)

국수 언제 먹여 줄 거야?

외국 사람이라면 몰라도, 친구가 국수 언제 먹여 줄 거냐는 말에 진
짜 국수를 사 주는 한국 사람은 없다. 실제로 국수를 먹고 싶다는 뜻
이 아니라, 언제 결혼할 것인지를 묻는 말이기 때문이다.

예전에는 혼례 때 찾아온 손님들에게 흔히 국수를 대접하곤 했다.
싸고 간편하여 많은 손님을 대접할 수 있었기 때문이다. 요즘은 뷔페

등에서 피로연을 열기도 하지만 여전히 국수를 내는 경우도 많다. 이런 풍습에서 유래하여 '국수 먹다'는 결혼식을 올리는 일을 가리키는 말이 되었다.

이렇게 결혼을 하고 나면 신혼여행을 가고, 신혼여행을 다녀오면 신접살림을 차린다. 그럴 때 친구들은 신혼부부를 보고 "요즘 깨가 쏟아진다면서?" 놀리듯 말하기도 한다. 깨를 볶거나, 기름을 얻기 위해 짜면 고소한 냄새가 난다. 이 '고소한 냄새'를 신혼 생활의 재미에 비유하여 '깨가 쏟아진다'라는 말이 나오게 된 것이다.

이처럼 좋은 일에 '깨'가 등장하기도 하지만, "혼자 잘난 척하더니 결국 시험에서 떨어졌더라? 그것참 '깨소금 맛'이다."처럼 남의 불행을 고소하게 여길 때도 '깨'가 등장한다. 시험에 떨어진 친구는 '소금 먹은 푸성귀'처럼 풀이 죽어 있기 십상이다. 여러분은 김장 때 배추를 소금에 절이는 걸 보았을 것이다. 소금은 삼투 현상을 일으켜 채소의 물기를 뺀다. 물기가 빠진 채소는 시들시들하다. 그래서 '소금 먹은 푸성귀'는 풀이 죽어 기운이 없는 상태를 뜻하는 말이 되었다.

'쏟아지는' 것은 '깨'만 있는 것이 아니다. '별'도 쏟아진다. 노랫말 중에 "별이 쏟아지는 해변으로 가요."라는 것이 있다. 별이 쏟아진다는 건 실제로 별이 해변에 떨어져 박힌다는 의미가 아니다. 그만큼 별이 많다는 뜻이다. 정말로 별이 쏟아진다면 얼마나 위험할까.

'별'은 '스타'를 뜻하기도 한다. 많은 학생들이 스타를 꿈꾸며 연예인을 지망한다. 이처럼 별은 연예인을 이르기도 하지만 군대에서는 장군의 계급장이 별 모양인 것에 비유해 장군을 '별'이라고 부르기도 한다. 또 죄를 지어 감옥에 가는 것을 '별을 단다'라고 하고, 위대한 업적을 남긴 사람이 죽었을 때는 '별이 졌다'라고 표현한다. 머리를 세게 얻어맞거나 부딪쳤을 때 눈앞에서 불꽃처럼 어른거리는 것을 두고는 '별이 보인다'라고 한다.

이처럼 '국수 · 깨 · 별' 같은 말들은 원래의 의미에서 벗어나 다른 의미로 바뀌어 쓰이고 있다. 이를 '의미 전용'이라고 한다. '전용(轉用)'은 원래가 아닌 다른 곳에 돌려서 쓰는 것을 뜻하는 말이다. 우리가 자주 쓰는 관용구에 이런 예가 많다.

● 여러 가지 관용구

• '간을 꺼내어 주다'는 소중한 것을 아낌없이 준다는 뜻이다. 실제로 간을 꺼내어 줄 수는 없는 노릇이므로 이 또한 의미가 전용되어 다른 뜻으로 쓰였다. 물론 간 이식 수술을 위한 것이라면 실제의 간을 빼 주는 것도 가능하다.

• '나사가 풀리다'는 정신 상태가 해이하다는 뜻이다. 이때의 '나사' 역시 실제의 나사가 아니라, 정신을 의미한다. 반대의 의미로는 '나사를 죄다'라는 표현을 쓴다. 마음을 가다듬고 정신을 집중한다는 뜻이다.

• '물결을 타다'는 시대의 풍조나 형세에 맞게 처신한다는 뜻이다. 놀이동산의 파도 풀장을 생각하면 안 된다.

• '바가지를 쓰다' 역시 진짜 바가지와는 무관하다. 피서지 등에서 비용을 실제보다 더 비싸게 지불하여 억울함을 나타내는 말이다.

• '산으로 들어가다'에는 두 가지 뜻이 있다. 하나는 투쟁을 벌이기 위해 산속으로 몸을 피한다는 뜻이고, 다른 하나는 승려가 된다는 뜻이다.

• '안개를 피우다'는 어떤 사실을 숨기기 위해 교묘한 수단을 쓴다는 뜻이다. '안개 속에 묻히다'는 어떤 사실이 드러나지 않는다는 말이다. 한자어 중에도 '오리무중(五里霧中)'이란 말이 있다. 안개는 이처럼 '수단·비밀·감춤' 등의 뜻을 갖는다.

한국인은 식인종?

"처음 한국에 왔을 때 깜짝 놀랐어요."

"왜요?"

"사람들이 '애를 먹는다'라고 해서요."

일본인 친구 나토리 노부코 씨의 말이다. 그녀는 '애'를 글자 그대로 '아이'의 준말이라고 착각해 '애를 먹다'라는 말을 '아이를 먹다'라고 생각했다며 웃었다. 아직 우리말에 익숙하지 않은 외국인에게는 당황스러운 경험이었을 것이다.

'애를 먹다'에서 '애'는 창자를 뜻하는 '애[腸]'에서 왔지만 지금은 초조한 마음속을 의미하는 말이 됐다. 흔히 "밤이 늦었는데 아이가 오지 않아 애가 탄다."처럼 쓴다. 또 "상대의 공격을 막으려고 애를 써 봤지만 소용이 없었다."처럼 몹시 수고로움을 뜻하기도 한다. '애가 탄다'는 마음이 시꺼멓게 타들어 갈 정도로 초조하거나 불안하

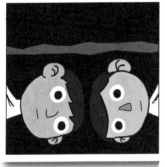

다는 뜻이고, '애가 마르다'는 몹시 안타깝고 초조하여 속이 상한다는 뜻이다.

'애'를 더욱 강조한 말로는 '애간장'이 있다. 이 말은 '애'에 한자어 '간장(肝腸)'이 붙은 것인데 '간장을 끊다', '간장을 녹이다', '간장을 태우다'처럼 쓴다. 또 간과 창자를 뜻하는 '간장(肝腸)'이 음식의 간을 맞추는 데 쓰는 '간장'과 우리말 형태가 같은 것에 착안해 '간장을 졸이다' 같은 표현을 만들어 내기도 한다.

다시 노부코 씨가 말한다.

"한국 사람이 식인종일지도 모른다는 생각을 하기도 했죠."

"애를 먹는다고 해서요?"

"그것뿐만 아니라 '그 사람, 참 싱거워.'라는 말도 들었거든요."

그 말을 듣고 웃을 수밖에 없다. 이때의 '싱겁다'는 맛의 농도를 뜻하는 말이 아니라 말이나 행동이 상황에 어울리지 않고 다소 엉뚱한 느낌을 준다는 의미다. 그런데 우리말에 서툰 외국인들은 자칫 한국에 식인 풍습이 있어서 사람의 '맛'을 보고는 싱거웠다고 착각할 수도 있다.

또 우리는 "그 사람은 참 짜다."라는 표현도 쓴다. 이때의 '짜다' 역시 맛이 아니라 인색하다는 뜻이다. '월급이 짜다'라고 하면 사장님이 돈을 조금밖에 주지 않는 것이고, '점수가 짜다'라고 하면 선생님의 평가가 박하다는 것이다.

우리말에는 한국 사람만 이해할 수 있는 정서가 숨어 있다. 그래서 외국인인 노부코 씨는 '애를 먹다'나 '사람이 싱겁다'라는 말을 듣고 깜짝 놀랄 수밖에 없었을 것이다. 아직 우리말에 대한 이해가 깊지 않아 단순히 겉으로 드러나는 표현만을 받아들일 수밖에 없기 때문에 생긴 일이다.

이처럼 우리가 쓰는 말에는 원래의 의미와 달리 다른 뜻으로 쓰이는 말이 있다. 이를 '관용구'라고 한다. 관용구는 두 개 이상의 단어로 이루어져 있는데 그 단어들이 원래 갖고 있는 의미만으로는 전체의 뜻을 파악할 수 없다. 즉 새로운 의미를 만드는 매우 독특한 어구다. 이런 표현법은 우리말뿐만 아니라 외국어에서도 발달해 있다.

- have a big mouth (큰 입을 가졌다)

  입이 싼 사람, 허풍쟁이.

- bury the hatchet (도끼를 파묻다)

  싸움이나 논쟁을 중단하다.

- Why the long face? (왜 긴 얼굴이니?)

  왜 시무룩해 있니?

- be over the hill (언덕을 넘다)

  고비를 넘기다.

- on thin ice (얇은 얼음 위에 있다)

  위험한 상태다.

- break the ice (얼음을 깨다)

  서먹서먹한 분위기를 부드럽게 하다.

위에서 보듯, 각각의 단어는 원래 뜻과 다르게 쓰이고 있다. '큰 입'은 수다스러움을, '도끼'는 싸움을, '긴 얼굴'은 감정의 상태를, '언덕'은 고비를 뜻한다. '얼음'은 위험한 상태와 분위기를 각각 나타낸다. 우리도 '분위기가 가라앉아 있다'라는 뜻으로 '썰렁하다'라는 표현을 쓴다. '서늘한 기운', '얼음' 등에서 느껴지는 차가움을 분위기와 연결해서 하나의 관용구로 만든 예다.

● 관용구와 속담의 차이

관용구와 비슷한 표현법에는 속담이 있다. 속담은 '예로부터 민간에 전하여 오는 격언'을 말한다. 하지만 사전의 설명만으로는 관용구와 속담의 차이를 이해하기 힘든 측면이 있다. 관용구와 속담은 어떻게 다른 것일까?

관용구의 예	속담의 예
• 가면을 벗다 • 바가지를 씌우다 • 진뼈가 굵다	• 공든 탑이 무너지랴 • 벼 이삭은 익을수록 고개를 숙인다 • 소 잃고 외양간 고친다

위에서 보듯, 관용구는 예시를 직접적으로 설명하는 측면이 강하고, 교훈을 말하는 경우는 드물다. 반면, 속담은 생활 체험을 통해 이루어진 어떤 사건이나 정황을 이야기 구조처럼 푸는 특성을 가지면서, 경계해야 할 일이나 교훈 등을 담는다. 짧은 글로 표현한 삶의 지혜라고 할 수 있다. 하지만 언제나 이런 차이를 갖는 것은 아니다. 아래의 예를 보자.

관용구의 예	속담의 예
• 식은 죽 먹듯 거리낌 없이 예사로 하는 모양. 또는 아주 쉬운 일의 비유.	• 누워서 떡 먹기 쉬운 일을 비유적으로 이르는 말.

'식은 죽 먹듯'은 "거짓말을 식은 죽 먹듯 하다."처럼 쓸 때는 어떤 일을 거리낌 없이 예사로 하는 것을 뜻하지만, "그런 일쯤은 식은 죽 먹기지."라고 할 때는 일이 매우 쉽다는 뜻이다. 일이 쉽다는 의미로 쓰는 말에는 '누워서 떡 먹기'도 있다.

그런데 사전은 비슷한 이 두 용례에 대해 '식은 죽 먹듯'은 관용구로, '누워서 떡 먹기'는 속담이라고 제시하고 있다. 교과서에서는 사전과 달리 '식은 죽 먹기'를 속담으로 본다. 이처럼 관용구와 속담은 쉽게 구분하기 어려운 특성을 갖고 있다.

○ 사은유에 대하여

사전은 죽은 은유의 공동묘지

한 아이가 집에 돌아와 자랑스럽게 이야기한다.

"우리 반에 어떤 아이가 있는데, 자기 말을 안 들으면 아이들을 막 때리고 그러는데 나는 안 때려."

엄마와 아빠는 우리 아들 참으로 대견하다는 듯한 표정으로 아이에게 묻는다.

"그래, 그 아이가 너는 왜 안 때리는데?"

아들이 자랑스럽게 대답한다.

"나는 그 아이가 뭘 시키면 빨랑빨랑하걸랑."

이 말에 엄마는 포복절도하지만 아빠는 웃어야 할지 말아야 할지 난감한 표정을 짓는다.

이 이야기에는 '의외성의 요소', '뜻밖의 요소'가 있다. 의외성의 요소가 있다는 것은 아무도 이 이야기의 초입에서 결말을 예상할 수 없다는 뜻이다. 만약 평범한 이웃이 이런 이야기를 꺼내면 나름대로 그 이야기가 어떤 결말을 갖게 될지를 기대하게 된다. 가령, "아빠, 나는 그 아이가 자기가 할 일은 자기가 했으면 좋겠고, 그 아이가 뭘 시키는 대로 하는 건 자존심이 상하니까 난 당당하게 거절했어." 같은 결말을 기대하게 된다.

그러나 이런 결말은 웃음을 유발하지 않는다. 상상하고 있던 결말에 대한 기대가 급격하게 깨질 때 웃음이 유발되는 것이다. 누가 "나는 그 아이가 뭘 시키면 빨랑빨랑하걸랑."이라는 결말이 나올 것을 예상이나 했겠는가? 나의 예상이 급격하게 빗나가면서 웃음이 유발되는 것이다.

아이들은 어떤 행동을 할지 아무도 모른다. 아이들의 입에서 A를 예상했는데 A가 나온다거나 A와 비슷한 A′나 A″가 나온다면 웃음이 나오지 않는다. 그러나 아이들은 전혀 기대하지도 않았던 말을 한다. A를 기대했는데 X나 Z가 나올 수도 있다는 말이다.

학교에서 돌아온 아이가 문을 열고 현관에 들어서자마자 가방을 열어 책과 공책을 꺼내 들고 숙제를 한다. 대체 아이가 왜 이럴까, 궁금한 나머지 부모는 아이에게 묻는다.

"너, 왜 문을 열고 들어서자마자 숙제를 하니?"

아이는 대답한다.

"선생님이 집에 가자마자 숙제를 하라고 하셨어."

아이들의 이런 뜻밖의 발언 앞에서 신중한 얼굴을 유지하기란 어렵다. 이런 말에는 웃어 주는 게 상책이다.

개그 프로그램도 처음에는 재미 있었는데 자꾸 보다 보면 더 이상 웃음이 나오지 않는다. 왜일까? 웃음에는 의외의 요소가 있어야 하는데 똑같은 개그 프로그램을 자주 접하다 보면 어떤 결말이 나올지 예상이 가능하기 때문이다. 예상이 가능하다는 것은 결말이 뻔하다는 것이고, 뻔한 결말에서는 웃음이 나오지 않는다.

뻔한 표현, 이것이 '상투적(常套的)'인 표현이다. '常'은 '항상'이란 뜻이고 '套'는 명사로는 '외투', 동사로는 '씌우다', '덮다'의 뜻이다. 이를 근거로 '상투적(常套的)'이라는 표현의 뜻을 유추해 본다면 '항상 똑같은 외투를 입는'이라고 풀이해 볼 수 있다.

남들이 외투가 멋있다고 하니 계속해서 같은 외투를 입고 다니는 사람이 있다고 하자. 그 사람에게 "너는 왜 매일 똑같은 외투[常

套]만을 입니?"라고 말한다면 이는 비유적인 표현이 아니라 지시적인 표현이 된다. 그러나 '상투'라는 말에 '적(的)'이라는 말이 첨가되면 그 의미는 갑자기 확장된다.

매일 비슷한 노래를 부르는 사람에게도 '상투적인 노래'를 부르지 말라고 할 수 있고, 매일 같은 수법으로 남을 속이는 사람에게도 '상투적인 수법'을 쓰지 말라고 할 수 있다. 이때 '상투적'은 '매일 똑같은 외투를 입는'이라는 뜻에서 '늘 써서 버릇이 되다시피 한'이라는 뜻으로 의미가 바뀐다. '돼지'가 '많이 먹는 동물'을 가리키는 의미로 끝나지 않고 '많이 먹는 사람'을 가리키는 비유로 확장되듯이 '상투적'이라는 단어도 '매일 같은 외투를 입는'이란 뜻에서 끝나지 않고 '매일 같은 행동을 되풀이하는'이라는 뜻을 가리키는 비유적인 언어로 확장되었다고 할 수 있다. 그러므로 엄격한 의미에서 '상투적'이란 말도 은유에 속한다고 할 수 있다.

그러나 누구도 '상투적'이란 말을 은유로 생각하지 않는다. 왜 그럴까. '상투적'이란 말이 '상투적'으로 쓰였기 때문이다. 이렇게 처음에는 신선한 비유였던 것이 나중에 언중들에 의해서 광범위하게 쓰여 그 신선한 비유적 기능을 상실할 때, 은유가 죽었다는 뜻으로 '사은유(死隱喩)'라고 말한다.

'사전은 죽은 은유의 공동묘지'라고도 말할 수 있다. 사전에는 죽은 은유가 매우 많다는 이야기다.

사전에서 '죽다'의 뜻을 찾아보면 이런 풀이가 나온다.

① 생명이 없어지거나 끊어지다.

② 불 따위가 타거나 비치지 아니한 상태에 있다.

③ 본래 가지고 있던 색깔이나 특징 따위가 변하여 드러나지 아니하다.

'죽다'의 원래 뜻은 ①이다. 그러니까 '죽다'는 원래 생명 현상과 관련하여 쓰는 단어였다. 사람의 활동과 불의 활동에는 유사한 점이 있다. 사람의 활동도 아이 때는 미약하다가 청년이 되면 활활 타는 불처럼 매우 왕성해진다. 그러다 시간이 지날수록 그 활동이 점점 위축된다. 사람과 불의 이런 유사성 때문에 '불이 죽는다'는 은유적 표현이 가능한 것이다.

'아이의 기가 죽었다'라고 할 때의 '죽었다'도 따지고 보면 사은유에 해당하고 '기가 살았다'라고 할 때의 '살았다'도 사은유에 해당한다. '얼굴색이 죽었다'고 할 때의 '죽었다'도 마찬가지로 사은유에 해당한다.

'지시적 의미'를 흔히 '사전적 의미'라고 하고, 은유적 의미를 흔히 '시적인 의미'라고 표현하지만 사전에도 '은유적 표현'이 매우 많다. 그러나 사전에 '죽은 은유'들이 득시글거린다면, 좋은 시에는 생생하게 살아 있는, 전혀 상투적이지 않은 언어들이 팔팔하게 살아서 꿈틀거린다.

어떤 시를, 어떻게 써야 할지를 독자와 함께 고민하는 시론집 ≪가슴으로도 쓰고 손끝으로도 쓰라≫에서 저자 안도현은 이렇게 말한다.

"다른 사람의 심장을 뚫지 않고 고개를 끄덕이게 하지도 않는 시나 화살, 도대체 무슨 소용이 있단 말인가?"

화살이 사람의 심장에 파고들듯 시도 화살처럼 예리하게 사람의 가슴에 파고들어야 한다. 상투적인 표현, 죽은 은유는 촉이 무딘 화살에 비유할 수 있다. 상상력의 촉을 날카롭게 다듬으려면 말을 통해 삶을 살피는 성찰과 함께 우리말에 대해 사색하는 습관을 길러야 한다.

● 사은유란 무엇인가?

'불현듯'이라는 단어는 '불+혀+-ㄴ+듯'의 구조로 짜여 있다. 여기서 '혀'는 어디에서 온 말일까? 바로 '켜다'의 고어(古語)인 '혀다'에서 온 말이다. 즉, 어원적으로 볼 때, '불현듯'은 '불을 켠 듯'이란 비유에서 온 말이다. 그러나 많은 사람들이 '불현듯'을 하나의 단어로만 인식하지 그 단어가 '불을 켠 듯'이라는 비유 구조를 가지고 있다고 생각하지 않는다. 다시 말해 '불현듯'은 어원적으로 볼 때는 비유의 구조를 가지고 있지만 언중들이 그것을 비유라고 의식하지 못하는 '사은유(死隱喩)'라고 할 수 있다.

분수처럼 흩어지는 푸른 종소리

1930년대 전성기를 구가했던 시인 김광균의 〈외인촌〉이라는
시다.

하이얀 모색(暮色) 속에 피어 있는
산협촌(山峽村)의 고독한 그림 속으로
파—란 역등(驛燈)을 달은 마차(馬車)가 한 대 잠기어 가고,
바다를 향한 산마룻길에
우두커니 서 있는 전신주(電信柱) 위엔
지나가던 구름이 하나 새빨간 노을에 젖어 있었다.

바람에 불리우는 작은 집들이 창을 내리고,
갈대밭에 묻히인 돌다리 아래선
작은 시내가 물방울을 굴리고

안개 자욱—한 화원지(花園地)의 벤치 위엔

한낮에 소녀(少女)들이 남기고 간

가벼운 웃음과 시들은 꽃다발이 흩어져 있었다.

외인묘지(外人墓地)의 어두운 수풀 뒤엔

밤새도록 가느다란 별빛이 내리고,

공백(空白)한 하늘에 걸려 있는 촌락(村落)의 시계(時計)가

여읜 손길을 저어 열 시를 가리키면

날카로운 고탑(古塔)같이 언덕 위에 솟아 있는

퇴색한 성교당(聖敎堂)의 지붕 위에선

분수처럼 흩어지는 푸른 종소리.

　마치 한 편의 그림을 보는 듯 전개되고 있는 이 시에서 주목하고자
하는 것은 시에 나타난 시각적 이미지다. "안개 자욱—한 화원지(花園
地)의 벤치 위엔/한낮에 소녀(少女)들이 남기고 간/가벼운 웃음과 시
들은 꽃다발이 흩어져 있었다."라는 표현은 눈으로 볼 수 없는 것들을
마치 눈으로 볼 수 있는 것처럼 시각화하고 있다. "가벼운 웃음과 시
들은 꽃다발이 흩어져 있었다."라는 표현에서 '꽃다발'은 눈으로 확
인할 수 있는 시각적인 것이지만 '웃음'은 눈으로 확인할 수 없는 비
시각적인 것이다.

비시각적인 것을 시각적으로 표현하는 이런 시적인 기교는 "분수처럼 흩어지는 푸른 종소리"라는 구절에 잘 나타나 있다. '종소리'는 시각적인 것이 아니라 청각적인 것이다. 그런데도 시인은 '종소리'에 '푸른'이라는 형용사를 결합시킴으로써 비시각적인 것을 시각화한다.

비시각적인 것을 시각화하는 방식은 우리말에서 흔하게 쓰이는 방식이다. 가령 '외로움'은 눈에 보이지 않는 추상적인 것이다. 그런데도 우리말에서는 '외로움'이 '깊다'라고 표현한다. '깊은 연못'을 떠올려 보라. '깊음'은 분명히 시각의 대상이다. 신경숙의 소설 ≪깊은 슬픔≫에도 '슬픔'이라는 비시각적인 관념을 시각적인 형용사 '깊다'에 연결시키고 있다.

우리말에서는 청각적인 것을 시각적인 것으로 표현하는 경우도 흔하다. '소리'는 분명 청각의 대상이다. 그런데 '소리가 크다'라는 표현은 어떤가. '크다'라는 속성은 눈으로 확인할 수 있는 성질이다. 그런데 귀로 확인할 수 있는 '소리'에 '크다'를 결합시키고 있다. '생각'이란 관념어를 '깊다', 혹은 '얕다'라고 표현하는 것도 마찬가지다. '깊다'와 '얕다' 모두 눈으로 확인할 수 있는 속성이다.

'보다'는 시각 중심의 동사가 틀림없다. 그러나 '맛을 보다'나 '간을 보다'에서의 '보다'는 '미각'과도 결합된다. 눈으로 '보다'에 따라오는 목적어는 일정한 공간을 점유하고 있는 공간적인 대상이다. 그러나 '보다'는 '시간적 개념'과도 곧잘 결합한다. '때를 보다', '기회를 보다'와 같은 경우가 그러한 예들이다.

아리스토텔레스는 ≪형이상학≫이라는 책에서 "모든 인간은 선천적으로 알려고 하는 욕망을 가지고 있다. 그 증거로 감각의 애호를 들 수 있다. 특히 그 가운데 가장 애호하는 것은 눈에 의한 것이다. 그 이유는 본다는 것은 어떤 감각보다도 우리에게 사물을 가장 잘 인지할 수 있게 하고 그 각종의 차이를 명확히 해 주기 때문이다."라고 말한다.

'슬픔'은 '깊다' 혹은 '크다'라는 시각적 형용사와 결합할 때 슬픔의 정도를 가장 효과적으로 표현할 수 있다. 마음의 '상처' 역시 시각적 형용사와 결합할 때 슬픔의 정도가 두드러진다. 아리스토텔레스의 말대로 본다는 것은 다른 어떤 감각보다 사물을 가장 잘 인지하게 해 주기 때문이다.

신호등도 말을 한다

차를 타고 가는데 신호등에 빨간불이 들어온다. 더 가지 말고 차를 멈추라는 신호다. 이번엔 차에서 내려 횡단보도를 건너는데 파란불이 깜박거린다. 어서 건너라는 신호다. 이때 신호등이 내보내는 신호는 사람으로 치면 '언어'다. 언어는 '소리를 내거나 문자 등을 이용해 생각 또는 느낌을 전달하는 수단'을 가리키는 말이다. 즉, 신호등도 불빛으로 말을 하는 셈이다.

우리는 '♡' 기호를 보고 '사랑'이라는 의미를 떠올린다. 여기에 화살이 꽂혀 있다면 사랑에 빠졌다는 뜻으로 쓴다. ♡는 이런 의미 말고도 직접적인 언어로 나타나기도 한다. "I ♡ You!"에서 ♡ 기호를 'love'라고 읽는 것이 그런 예다. 또 웹에서 자주 쓰는 '⌒⌒ · -_-; · ㅠ.ㅠ' 같은 이모티콘들도 각각에 그 의미가 담겨 있다. 기호가 말을 하는 것은 도로에 있는 표지판들도 마찬가지다. 표지판 가운데 사선으로 줄을 그은 것들은 모두 해서는 안 된다는 금지를 뜻한다.

기호만 말로 변신하는 것이 아니다. 말이 기호로 변신하기도 한다.

- 나비가 나　나풀　　　　풀
　　풀　　나　　나　　나풀나풀 날아간다.
　　　　　풀

- 밤톨이 데구루루
　　　　　　루
　　　　　　　루
　　　　　　　　루
　　　　　　　　루 굴러떨어진다.

'나풀나풀'은 나비의 날개처럼 얇은 물체가 가볍게 움직이는 모양을 뜻하는 말이고, '데구루루'는 밤톨처럼 단단한 물건이 구르는 모양이나 소리를 나타내는 말이다. 즉, 하나의 언어다. 그런데 이 말들을 위처럼 바꾸어 보면, '나풀나풀'은 글자이면서 동시에 나비가 날아가는 모습을 그린 그림이 된다. 또 '데구루루'에 '루' 자를 여럿 붙이면 밤톨이 나무에서 잠깐 툭 떨어지는 것이 아니라 오래 굴러떨어지는 모습을 표현하는 것 같다.

이번엔 다른 경우를 보자.

- 다들 잠들다
- 다들 힘들다
- 다시 합창합시다

위에 나온 문장의 공통점은 무엇일까? 위의 문장들은 앞에서부터 읽으나, 뒤에서부터 읽으나 똑같다. 이러한 것을 '회문palindrome'이라고 한다. "건조한 조건.", "야, 이 달은 밝은 달이야.", "여보게, 저기저게 보여." 같은 것도 마찬가지다. 영어에서는 "Never odd or even."이나 "Madam, I'm Adam." 등이 널리 알려져 있다. 마치 회화에서의 데칼코마니 같다.

좌절금지

로마자로 된 KIN은 [킨]이 아니라 옆으로 돌려서 [즐]로 읽는다. 원래는 즐기라는 좋은 의미였는데, 지금은 비꼬거나 욕의 의미로 쓴다. OTL도 좌절해서 무릎을 꿇고 엎드린 사람의 모습을 형상화한 기호 언어로 '좌절'이라는 의미다. 여기에 사선이 있으니 '좌절 금지'라는 뜻으로 쓴다.

이런 기호 문자를 이모티콘emoticon이라고 한다. 이모티콘은 감정이라는 뜻의 'emotion'과 그림 문자라는 뜻의 'icon'을 결합해 만든 말이다. 컴퓨터나 휴대 전화의 문자와 기호, 숫자 등을 조합하여 감정이나 느낌 등을 그림으로 나타낸다. 그림이 갖는 시각 효과 때문에 글자일 때보다 좀 더 은유적이고 재치가 넘친다.

♬(^0^)~ ♪	오늘 기분 최고~	(ノ^_^)ノ~♥	내 사랑을 받아 줘
\(^0^*)/	널, 이만큼 사랑해!	(*^^)/(_ _ ;)	너, 참 귀엽구나!
(*^.^)(^ε^*)	우리 뽀뽀할까?	o(T^T)o	으앙~ 슬퍼!
┎(-_-)メ┑	형님! 부르셨습니까?	('^')	가끔 하늘을 보자!
∠(-o-)	충성!(경례)	(^(oo)^)	웃는 돼지

* 이처럼 기발한 이모티콘을 만든 분들께 넙죽~ 존경의 인사를 올립니다. ┎(_ _)┑

이번엔 마술 쇼가 펼쳐지고 있는 곳으로 가 봅시다.

마술사가 여러분께 말합니다.

제가 문을 무서운 곰으로 만들어 보이겠습니다.

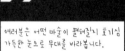

여러분은 어떤 마술이 펼쳐질지 호기심 가득한 눈으로 무대를 바라봅니다.

그때 마술사는 종이에 '문' 자를 크게 쓰고는 수리수리마수리 주문을 외더니 180도 빙글 돌렸습니다.

문 ↻ 180° → 곰

애걔, 그게 뭐야?

실망했나요? 조금 싱겁기는 하지만 문을 곰으로 만든 건 만은 사실입니다.

이때 곰과 문은 언어일까요? 기호일까요?

질문이 어려운가요?

그럼, 이런 예를 생각해 봅시다. 이번엔 우유라는 글자 옆에 거울을 놓아 보는 겁니다.

어떤가요? '우'자와 '유'자의 위치가 서로 바뀌었습니다. 그러면서 뜻도 달라졌지요.

유우는 젖소를 뜻하는 한자어입니다.

乳牛

우유와, 우유를 생산하는 젖소(유우)가 거울 하나 때문에 입장이 바뀐 것이지요.

그런 한편, '유우'는 겉으로는 글자 모양을 하고 있지만 실제로는 무의미한 기호라고 할 수 있습니다.

우유에 거울을 놓고 본다고 해서 젖소로 바뀌는 마술이 일어나지는 않으니까요. 즉 문자는 기호인 동시에 언어이며, 언어인 동시에 기호이기도 합니다.

지구는 왜 '지성'이 아닐까?

우리가 과학 시간에 '수·금·지·화·목·토·천·해' 하고 외우는 것이 있다. 바로 태양계 행성의 차례다. 이는 각 행성의 앞 글자만을 따서 쉽게 외우려고 만든 말이다. '태·정·태·세·문·단·세……' 하는 식으로 조선의 왕을 외울 때도 이런 방법을 쓴다.

지구를 한자로 쓰면 '地球'가 된다. 말 그대로 풀이하면 '땅으로 된 공'이라는 뜻인데 조금 이상하다. 지구 표면의 약 70퍼센트는 물인데 왜 '지구(地球)'라고 할까? 오히려 물 '수(水)' 자를 써서 '수구(水球)'라고 해야 하지 않을까?

　"지구에서 지각이 차지하는 비율은 얼마 안 돼요. 대부분은 맨틀과 핵으로 이루어져 있다고요!"

　이렇게 반문할 사람이 있을지도 모르겠다. 하지만 맨틀과 핵은 땅[地]이 아니다. '땅'은 강이나 바다처럼 물로 된 곳을 제외한 지구의 겉면을 뜻하는 말이니까. 역시 겉모습으로 봤을 땐 '지구'보다 '수구'가 더 어울린다.

　그럼 혹시 태양계의 첫 번째 행성인 수성(水星)이 있어서 지구를 '수구'라고 부를 수 없었던 것은 아닐까? 그럴듯하기는 하지만 수성에 물이 존재한다는 증거는 아직 없다. 또 태양과 너무 가까워 물이

존재할 확률도 낮다. 수성에 '수(水)' 자를 붙인 것은 물과 관련이 있어서가 아니라, 음양오행설의 영향 때문이다. 금성·화성·목성·토성도 마찬가지다.

그런데 행성의 이름을 가만 들여다보면 재미있는 사실을 하나 발견할 수 있다. 다른 행성들은 모두 별 '성(星)' 자를 쓰고 있는데 유독 지구만 공 '구(球)' 자를 쓰고 있다는 점이다. 왜 그럴까? 도대체 지구는 왜 '지성(地星)'도 아니고 '수구(水球)'도 아닌 '지구(地球)'가 되었을까? 그건 지구의 관점에서 다른 행성들을 보고 있기 때문인지도 모른다.

"우리는 너희랑 달라. 너희는 그저 하나의 천체일 뿐이지만 우리는 지능을 가진 생명체가 살고 있는 곳이지. 그래서 이름에 차이를 둔 거야."

혹시 이런 생각이 깔려 있는 것은 아닐까? 또한 우리 인간은 물 위에서 사는 것보다 땅 위에서 사는 것이 여러 면에서 편리하다. 그래서 우리가 살고 있는 이 별의 이름을 '수구'가 아니라, '지구'라고 지은 것인지도 모른다. 생각이 말을 지배하는 경우라고 볼 수 있다.

歇
쉴 헐

과학 이야기가 나왔으니 '간헐천(間歇泉)'도 살펴보자. 간헐천은 일정한 간격을 두고 뜨거운 물이나 수증기를 뿜었다가 멎었다가 하는 온천을 말한다. 즉, '간헐천'이란 말은 물이나 수증기를 뿜는 능동적 행위에 주목한 것이다. 그래서 중간에 그런 현상이 없는 것을 '쉰다〔歇〕'라고 했다. 다시 말하면, 뿜는 횟수가 많지 않더라도 뿜어 내는 것 자체가 간헐천의 특성이라고 본 것이다. 만약 어쩌다 한 번씩 물이나 수증기를 뿜는 소극적 현상에 주목했다면 간헐천이 아니라, '간혹천(間或泉)'이라고 했을 것이다. 어떤 현상에 주목하는가에 따라 중심이 달라진다. 큰비가 오거나 우기에만 흐르는 '간헐류'도 마찬가 지다. 여기서 말이 어떤 이유로 생겨나고 통용되는지 짐작할 수 있다.

'지구'나, '간헐천'의 경우처럼 어떤 단어를 유심히 관찰해 보면 말 이 어떻게 생겨나고, 그에 따라 어떤 지위를 갖게 되는지 가늠해 볼 수 있다.

말에도
지느러미가
있다

2

말에도 지느러미가 있다

바람이 불면 키가 큰 미루나무의 잎사귀가 살랑살랑 몸을 흔든다. 수천, 아니 수만의 잎사귀들이 일제히 살랑거린다. 미루나무를 한 마리 물고기에 비유한다면 작은 바람에도 살짝 몸을 뒤치는 잎사귀들은 무엇에 비유할 수 있을까. 지느러미에 비유할 수는 없을까. 어항 속을 들여다보고 있노라면 물고기의 지느러미는 참으로 부드럽게 살랑거린다. 그 한없이 연하고 부드러운 느낌을 평화라고 불러도 좋을 듯하다.

말에도 평화가 있다. '지느러미'라고 발음해 보자. 어떤 평화로운 느낌이 전해지지 않는가. 말이 주는 느낌, 그것이 어감이다.

어항 속 물고기의 지느러미를 오래 들여다보고 있노라면 나른한 느낌이 들곤 한다. 그런데 '나른하다'라는 말은 의미와 상관없이 말 그 자체가 나른한 느낌이다. 반대로 '빳빳하다'라는 말에서는 '빳빳한' 느낌이 드러난다. '나른하다'라는 단어는 유성음인 'ㄴ'과 'ㄹ'이

절묘하게 결합되어 있어 부드러운 느낌을 주고, '빳빳하다'라는 단어는 된소리 'ㅃ'이 두 번이나 겹치기 때문에 강한 느낌을 준다.

이런 경우를 상상해 보자. 지금부터 나는 한국어를 모르는 사람이다. 나는 태어나서 한 번도 한국어를 들어 본 적이 없다. 그런데 누군가가 나에게 두 개의 소리를 들려준다. 하나는 '칼'이고 다른 하나는 '달'이다. 그리고 여러분에게 뾰족한 칼날을 눈앞에 들이대며 "이것은 '칼'인가, 아니면 '달'인가?" 묻는다면 여러분은 어떤 답을 하게 될까?

한국어를 모르는 사람은 '칼'과 '달'의 의미를 모른다. 그러므로 눈앞의 날카로운 기구가 '칼'인지 아니면 '달'인지 알 수 없다. 하지만 한국어를 모르는 사람도 말의 느낌만은 감지할 수가 있다. '칼'이라고 발음할 때 'ㅋ'이라는 거센

소리가 만들어 내는 날카로운 느낌, 그것이 '칼'이라는 단어가 가지는 어감이다. '칼'이라는 어휘는 어떤 의미를 가지든 날카로운 느낌을 가지고 있다. 앞에서 말한 '지느러미'라는 어휘는 그것이 어떤 의미를 가지든 부드러운 느낌을 지닌 단어이듯 말이다.

'달'이란 단어가 '칼'이란 단어보다 부드러운 느낌을 준다는 것은 한국어를 처음 듣는 사람도 알 수가 있을 것이다. 열 중 아홉은 뾰족한 칼날을 가진 기구를 '달'이 아니라 '칼'로 인지할 것이다.

대개 부정적 의미를 가진 어휘는 거칠고 거센 느낌을 주는 어감을 가진다. 욕설에 사용되는 단어들이 'ㄲ · ㅆ' 같은 된소리나 'ㅋ · ㅊ · ㅍ' 같은 거센소리와 조합되는 것만 봐도 이런 사정을 짐작할 수 있다.

김영랑의 시 <돌담에 속삭이는 햇발>에는 "보드레한 에메랄드 얇게 흐르는/실비단 하늘을 바라보고 싶다."라는 구절이 등장한다. 에메랄드가 무엇인지를 모르는 사람도 '에메랄드'라는 어휘가 주는 부드러운 느낌만은 감지할 수 있다. '에메랄드'라고 직접 발음해 보라. 혀가 입 안에서 가볍게 구르는 듯한 느낌이지 않은가. '보드레한'이라는 형용사는 또 어떤가. '보드레한'이란 단어 역시 한없이 부드러운 느낌을 준다. '보드레한'과 '에메랄드'가 결합하면 그 부드러움이 한층 더해진다.

이렇게 시인은 언어의 어감을 잘 살려 쓰는 사람이다. 특히 1930년대 '시문학파'의 시인들이 어감을 잘 살려 시를 썼다고 평가받는다.

그래서일까. 그들의 시는 하나의 음악처럼 들린다. '시를 음악처럼'이 그들이 시를 통해서 구현하고자 한 세계였는지도 모른다.

색에는 색감이란 것이 있다. 색이 주는 느낌이 색감이다. 파란색은 찬 느낌이고, 붉은색은 더운 느낌이다. 화가가 바로 색감을 잘 살려 한 폭의 그림을 완성한다면, 시인은 말의 어감을 잘 살려 한 편의 시를 완성한다.

말의 의미를 잊고 말 그 자체를 음미해 보라. 눈을 감고 '오목'이라고 발음해 보자. 오목한 느낌이 들지 않는가. 이번에는 '우묵'이라고 발음해 보자. 우묵한 느낌이 들지 않는가. 때로는 단어의 의미를 모두 망각한 채, 말이 주는 느낌, 단어가 주는 어감을 가만히 느껴 볼 필요가 있다. '지느러미'라는 단어를 입에서 나지막하게 발음해 보면 한없이 부드러운 말의 지느러미가 느껴진다. 그것이 어감이다.

그러나 어떤 말들은 거친 느낌을 준다. '악플·개똥녀·폭탄' 등 인터넷에서 만들어진 대부분의 통신 용어들이 그렇다. 그것은 말의 지느러미가 아니라 말의 칼과 같다. 시는 말의 지느러미를 만드는 일이고 욕설은 말의 칼을 만드는 일이다. 하나는 우리를 토닥거려 주고 하나는 우리를 찌른다.

'말 따라 하기' 게임에서 컴퓨터는 바보다

중간고사에서 시험 문제를 출제했을 때의 일이다. "다음 중 틀린 표현은?"이라는 문제를 주고 답을 고르라는 오지선다형의 객관식 문제였는데, 나중에 문제지를 보니 아뿔싸! 답이 없었다. '아니, 이럴 수가! 분명히 문제를 출제할 때 여러 번 확인을 했는데 어째 이런 일이 있을 수가 있나.' 문제가 잘못된 이유를 곰곰이 생각해 봤는데도 알 수가 없었다. 그래서 다시 한 번 꼼꼼히 살펴봤더니 아닌 게 아니라 틀린 표현을 찾으라는 문제의 선지에 틀린 표현이 하나도 없었다.

선지는 이런 식이었다.

①깨끗이   ②반듯이   ③조용히
④나란히   ⑤가만히

다섯 개 선지 중의 하나가 틀린 표현이기 위해서는 ①번의 '깨끗이'는 '깨끗히'가 되어야 했다. 그런데 아무리 기억을 되짚어 보아도 나는 '깨끗이'로 입력을 한 적이 없었다. 그렇다면 '깨끗히'가 '깨끗이'로 저절로 변했단 말인가?

그렇다. 저절로 변했다. 틀린 표현을 자동으로 고쳐 주는 친절한 기능이 한글 프로그램에 있어서 나에게 묻지도 않고 '깨끗히'를 '깨끗이'로 바로잡아 버렸던 것이다. 누가 바로잡아 달라고 했느냐고 항변을 해도 프로그램은 아무 대답이 없었다. 미안하다는 말 한마디 하지 않았다. 원래 사과라는 것을 모르는 존재라고 하지만 그땐 컴퓨터가 야속했다.

컴퓨터는 이런 상황을 종종 연출한다. 컴퓨터와 말 따라 하기 게임을 한다고 하자. 먼저 나의 말을 따라 하라는 명령을 컴퓨터에 입력하고 게임을 시작하자. "너는 컴퓨터다."라고 말하면 컴퓨터도 "너는 컴퓨터다."라고 따라 한다. "나는 철수다."라고 말하면 컴퓨터도 "나는 철수다."라고 따라 한다. "이 바보야, 네가 컴퓨터고 내가 철수인데, 네가 어째서 나란 말이냐?"라고 말하면 컴퓨터 역시 "이 바보야, 네가 컴퓨터고 내가 철수인데, 네가 어째서 나란 말이냐?"라고 대꾸한다. 컴퓨터에게 "이제 게임을 그만하자."라고 말해도 컴퓨터는 "이제 게임을 그만하자."라고 따라 할 것이 분명하다. 이 게임은 컴퓨터를 종료시키지 않으면 끝나지 않는다. 전원만 공급해 주면 컴퓨터는 십 년이고 백 년이고 말 따라 하기 게임을 한다. 질리지도 않는다.

그럼 이 게임을 '철수'라는 이름을 가진 세 살짜리 조카와 한다고 가정을 해 보자. "너는 바보야!"라고 말하면 아이는 시큰둥한 표정으로 "너는 바보야!" 하고 따라 할 것이다. 그러나 "철수, 너는 바보야!"라고 말하면 아이는 당장 울상을 지으며 "난 바보가 아니야. 삼촌이 바보지!"라고 응수할지도 모른다. 이때 "삼촌이 잘못했다. 게임 그만하자."라고 말한다면, 아이 역시 "삼촌이 잘못했다. 게임 그만하자."라고 따라 할까? 그렇지 않다. 대개의 아이들은 적당한 선에서 게임을 그만둔다. 계속 따라 할 정도로 바보는 없다. 또 그럴 만한 체력과 인내심을 가진 아이도 없다. 바로 이것이 컴퓨터와 인간의 차이다.

컴퓨터와의 말 따라 하기 게임에서 "너는 컴퓨터다."라는 말과 "이제 게임을 그만하자."라는 말은 엄연히 다른 성질의 언어다. "너는 컴퓨터다."라는 말은 '대상언어'라고 하고, "이제 게임을 그만하자."라는 말은 대상언어에 대한 언어, 즉 '메타언어'라고 한다. '메타'라는 말은 그리스어로 '더불어' 또는 '뒤에'라는 뜻을 갖는다.

'언어 A'가 '언어 B'에 대해 설명하는 기능을 할 때, 설명하는 언어인 A는 '메타언어'라고 할 수 있다. 예컨대 사전에서 뜻풀이에 사용되는 말은 메타언어라고 할 수 있다. 한국어를 가르칠 때 일본어나 영어로 설명한다면 이때 일본어나 영어가 메타언어의 기능을 한다고 할 수 있다.

한글 프로그램에 "샤워실을 깨끗히 사용합시다."라고 입력하면 '깨끗히'라는 단어 밑에 붉은 줄이 그어진다. 교정 기능을 실행할 경우에는 자동으로 '깨끗이'로 바꿔 버린다. 물론 틀린 것을 바로잡아 주었으니 이런 경우는 고맙기도 하다. 그러나 메타언어를 사용하여

"'깨끗히'는 틀린 표현이고 '깨끗이'가 맞는 표현입니다."라고 입력하면, 전달하려는 의미를 바르게 표현한 것임에도 불구하고 "'깨끗이'는 틀린 표현이고 '깨끗이'가 맞는 표현입니다."라는 우스꽝스러운 문장을 만들어 낸다. 대상언어와 메타언어를 컴퓨터가 구별하지 못하기 때문에 생기는 오류라고 볼 수 있다. 샤워실이라는 대상을 언급할 때는 '깨끗이'라고 표현하는 것이 옳다. 그러나 "'깨끗히'는 틀린 표현이고 '깨끗이'가 맞는 표현입니다."라고 할 때의 '깨끗히'는 대상에 대한 언어 표현이 아니라 단어 '깨끗히'에 대한 표현이다. 바로 이렇게 언어에 대한 언어가 메타언어다.

아무리 공부를 못하는 아이라도 대상언어와 메타언어를 구별할 줄 안다. 영어 선생님이 "나를 따라 해 봐."라고 하면서 책을 읽으면, 학생들도 선생님의 발음을 따라 한다. "그만!"이라는 선생님의 말에 아이들은 책 읽기를 중단한다. 물론 어떤 아이들은 "그만!"이라는 말까지 따라 하지만 그렇다고 해서 '그만'이라는 말이 선생님의 발음 따라 하기를 중지하라는 말임을 모르는 것은 아니다. 조금은 장난이 배어 있다.

대상언어니 메타언어니 하는 어려운 용어를 몰라도, 컴퓨터처럼 꺼질 때까지 말놀이를 따라 하는 아이는 없다. 사람은 컴퓨터보다 똑똑하다.

○ 완곡어법과 이중 화법

말도 화장을 한다

소개팅에 나갔던 이모가 식구들에게 이렇게 말했다.

"오늘 만난 남자는 무식해 보여."

소개팅에 나갔던 삼촌이 친구들에게 이렇게 말했다.

"오늘 만난 여자는 착해 보이더군."

이모의 식구들은 이모의 말에서 남자가 우락부락하고 험상궂게 생겼을 거라고 생각한다. 한편 삼촌의 친구들은 삼촌이 만난 여자가 썩 예쁘지 않을 거라고 생각한다. 남자들은 여자의 얼굴이 그다지 예쁘지 않을 때 얼굴을 직접적으로 묘사하는 대신 심리적인 면을 끌어와 '마음이 착하다'라고 표현하는 경우가 있기 때문이다. 듣는 사람의 감정이 상하지 않도록 '못생겼다'라고 하지 않고 '착해 보인다'라고 한 것이다. 이모의 말은 직접적이고, 삼촌의 말은 우회적이다. 삼촌의 말을 '완곡어법'이라고 한다.

'완곡어법'은 '유피미즘   '이라고도 하는데 '좋게 말하다'라는 그리스어에서 유래했다. 불교에서 용변을 보는 곳을 변소라고 하지 않고 근심을 푸는 곳이라는 뜻을 가진 '해우소(解憂所)'라고 한

---● 궁중어가 발달한 이유

대궐 안에서는 '똥'을 '매화'라고 했다. 왜 이런 '궁중어'가 발달했을까? 언어는 집단성을 갖는다. 같은 직업에 종사하는 사람, 같은 성(性)을 가진 사람, 같은 지역에 사는 사람끼리 자기들만 아는 은어를 만들거나, 의사소통의 편의를 위해 여러 용어를 만든다. '궁중어'도 마찬가지다. 직접적으로 말하기 꺼려질 때, 권위를 높이고자 할 때, 일반 언중이 사용하는 말과 다른 대치어를 쓴다. 엉덩이를 한자어인 '둔상'이라고 한다거나, 소변을 '매우', 코딱지를 '비공딱지', 방귀를 '통기'라고 하는 것이 그런 예다.

다든지, 궁중에서 똥을 '매화'라고 하는 것이 그런 예이다. 또 '죽다'라는 말 대신에 '돌아가시다'라고 표현하기도 하는데, 영어에서도 'die' 대신 'pass away'라는 말을 쓴다.

상점에 가면 "우리 가게는 CCTV를 설치했습니다."라는 문구를 흔히 본다. 이 말은 단순히 가게 안에 CCTV가 있다는 뜻이 아니다. CCTV가 당신을 주의 깊게 지켜보고 있으니 좀도둑질을 할 생각은 아예 갖지도 말라는 말을 완곡하게 표현한 것이다.

1980년대 초 우리나라의 대통령이 일본을 방문했을 때 일본의 왕이 "과거사와 관련하여 양국 간에 유감스러운 일이 있었다."라고 말한 일이 있다. "과거에 일본이 한국에 큰 잘못을 저질렀는데 그 것을 사과하겠다."라고 해야 직접적이고 적확한 표현이 되는데 이 것을 에둘러서 '유감'이라고 말한 것이다. 식민 지배를 위해 한 나라 를 침탈하고서는 '침략'이 아니라 '진출'이라는 표현을 쓰는 것도 마 찬가지다.

이러한 표현은 '이중 화법'이라고 하는데 조지 오웰의 소설 ≪1984≫에 나오는 '뉴스피크'라는 용어의 영향을 받 아 생겨났다. 이중 화법도 완곡어법처럼 직접적인 단어를 쓰지 않음 으로써 실제의 의미를 감추거나 왜곡하는 것은 마찬가지지만, 사안 의 본질을 회피하거나 남을 기만하기 위한 목적이 더 크다. 이를 완곡 어법으로 재구성하면 '거짓말은 아니지만, 착하다고 말할 수 없는 진 실'이다. 예를 들어 '도둑질'을 '주인의 동의를 생략하고 물건을 빌리는 일'이라고 한다거나 '커닝'을 '우연히 내 눈에 들어온 짝꿍의 답안지'라고 한다면 행위의 잘못은 숨어 버리고 화려한 말의 잔치만 남는다.

사람들이 화장을 하는 것처럼 말도 화장을 한다. 못생긴 아내에게 "당신, 오늘 정말 예뻐!"라고 말하는 것도 말의 화장이다. '말의 화장'은 사람 사이의 관계를 여유롭게 하고, 상대를 기쁘게 할 수도 있지만 진실을 왜곡하기도 한다.

세상에서 가장 아름다운 엄마

철수는 엄마가 세상에서 누구보다 좋다. 또 세상에서 가장 아름답다고 생각한다. 하지만 누가 보더라도 철수 엄마는 김태희보다, 이나영보다, 윤아보다 예쁘지 않다. 하지만 '아름답다'는 것은 논리가 아니라, 그것을 바라보는 사람의 주관이다. 따라서 철수가 "우리 엄마는 세상에서 가장 아름답다."라고 말하는 것은 잘못이 아니다.

'약간'이란 말은 조심스럽게 사용해야 한다

나쁜 일인 줄 알면서도 친구에게 다음 시험 때 답을 좀 보여 달라는 부탁을 한다. 그러자 친구가 말한다.

"약간 곤란한데."

약간 곤란하다고? 그렇다면 시험 문제의 답을 보여 줄 수도 있겠구나 하고 생각하면 큰일이다. 이때의 '약간'은 '매우'의 뜻이다. 그러니까 답을 보여 주는 것은 아주 곤란하다는 말이다. '약간'이란 말을 사전적이고 지시적인 의미대로 '조금'이라는 뜻으로 알아들어서는 안 된다. 이때는 '약간'을 '절대적으로' 정도의 뜻으로 이해해야 문제가 생기지 않는다.

'약간'이란 단어는 지시적 의미와는 달리 '매우'라는 뜻으로 사용되는 일이 잦다. 만약 어떤 친구가 "이 차에 약간 문제가 있어."라고 말했다고 치자. 이때 약간 문제가 있는 정도라면 큰 문제는 일으키지 않겠지 하는 생각으로 그 차를 안심하고 탔다가는 큰 위험에 처할 수

있다. 차에 '약간' 문제가 있다면 무조건 카센터에 맡겨 수리를 의뢰하고 볼 일이다.

　친구가 찾아와 "너에게 조그만 부탁이 있어."라고 말하면 우리는 긴장한다. 왜? 그가 나에게 하려는 부탁이 결코 '조그만' 것이 아니라 '크고 중대한' 것임을 짐작할 수 있기 때문이다. 정말로 '조그만' 부탁이라면 정색을 하고 말할 까닭이 없지 않은가?

'약간'이나 '조그만'이란 말이 의미의 애매함을 발생시킨다면 처음부터 아예 "매우 곤란해." 혹은 "너에게 큰 부탁이 있어 찾아왔어."라는 식으로 말하면 어떨까? 우회적으로 말하지 말고 노골적으로 말하자는 것이다. 이런 직설적이고 노골적인 방식의 말하기가 화자의 솔직한 마음을 말해 줄 수 있으니까 말이다. 그러나 문제는 그리 간단하지가 않다. 솔직하게 말한다고 해서 "절대 안 돼!"라고 하면 부탁한 사람의 자존심에 상처를 줄 수도 있다는 사실을 명심하자.

반대로 어떤 친구가 나에게 "너 성격에 큰 문제가 있어."라고 말했다고 하자. 여러분의 반응은 어떨까. 십중팔구는 그런 직설적인 말에 불쾌해지기 십상이다. 타인의 첫마디에 마음이 불쾌해지면 대화는 시작부터 꼬이기 쉽고, 결국 험한 말싸움으로 번지기도 쉽다. 그러니까 '약간'이란 어휘를 사용하는 '완곡어법'은 의사소통을 원활하고 부드럽게 하기 위한 것이지, 말의 의미를 애매하게 만들기 위한 속임수 전략이 아니다.

친구가 나에게 와서 말하기를 "너의 행동 때문에 나는 약간 자존심이 상했어."라고 말하면 '아, 이 친구가 나의 무례한 행동 때문에 자존심에 커다란 상처를 입었겠구나.'라고 생각해야지, 반대로 '나의 하찮은 실수가 친구의 자존심에 조그마한 상처를 주었겠구나.' 생각했다가는 소중한 친구를 잃을 수도 있다.

'약간'이란 말은 잘 사용할 필요가 있다. 수억 원의 돈이 필요한 경우에 '약간'의 돈이 필요하다고 말한다거나, 소금을 한 주먹 넣어야 할 김장에 '약간'의 소금을 뿌려야 한다고 말하면 비리를 조장하거나 간도 안 된 싱거운 김치를 먹어야 할지도 모른다. 큰 잘못을 해 놓고 '약간'의 실수를 인정한다고 말했다가는 이웃도 잃고 친구도 잃어버릴 수 있다는 사실을 명심하자.

● 완곡어법(婉曲語法)

듣는 사람의 감정이 상하지 않도록 부드러운 말을 쓰는 표현법. '죽었다'라는 말이 듣는 사람에게 심정적으로 충격을 줄 수도 있으므로 '돌아가셨다'라고 표현하는 것이 일종의 완곡어법이다. '영원히 잠들다'의 뜻을 가진 '영면(永眠)하다'도 '죽음'의 완곡어법으로 볼 수 있다. 직접적인 말이 상대방의 기분을 상하게 할 우려가 있을 때 돌려서 말하는 방식이 완곡어법이다.

● 빨간 얼굴 테스트

윤리학에는 '빨간 얼굴 테스트'라는 것이 있다. 자신의 행동이나 말이 다른 사람에게 알려졌을 때 얼굴이 빨개지는지, 즉 창피하거나 부끄러운 일이 아닌지 스스로 시험해 보라는 것이다. 누군가에게 부탁을 할 때도 마찬가지다. 나의 부탁이 '빨간 얼굴 테스트'를 통과할 수 있다면 그것은 문제가 없다. 하지만 얼굴이 빨개질 것 같다면 그것은 이미 잘못된 부탁이다.

못된 송아지도 엉덩이엔 뿔 안 난다

흔히 "못된 송아지 엉덩이에 뿔 난다."라는 속담을 쓴다. '옳지 못하거나 보잘것없는 것이 엇나가는 짓만 한다'는 뜻이다. 이때 송아지는 소의 새끼이니 어른보다는 주로 아이들을 지목해 만든 말임을 알수 있다. 이 속담에는 어른들의 일방적인 생각이 담겨 있다. 즉, 교육 또는 훈계는 윗사람으로부터 아랫사람으로 내려간다는 의식이나, 아이들의 행동 양식을 못마땅하게 여기는 어른들의 시선이 바로 그것이다. 하지만 '엉덩이에 뿔 날 짓'은 어른들이 더 많이 한다.

아무리 성질이 나쁜 송아지라도 엉덩이에 뿔이 나는 일은 없다. 이때의 뿔은 실제의 뿔이 아니기 때문이다. 이 '뿔'은 엇나가는 짓을 하면 바른 성품을 가질 수 없다는 뜻을 감추고 있다. 또 잘못된 인생을 살게 된다는 경고도 담겨 있다.

송아지에게 뿔이 날 시기는 사람으로 치면 사춘기쯤 된다. 사춘기는 감춰져 있던 자아가 불쑥 튀어나오는 때다. 몸은 처음 느껴 보는 호르몬의 침공에 당황한다. 그래서 자신뿐만 아니라 주변 사람들까지 힘들다. 아이와 부모는 서로에게 화를 내기도 한다. 이때도 '뿔나다'라고 한다. 성이 났다는 뜻이다.

공부하다가 잠깐 물을 마시러 갔을 뿐인데 엄마가 소리친다.

"왜 이렇게 들락날락해? 엉덩이가 그렇게 가벼워서 쓰겠니?"

"엄마, 내 몸무게가 100킬로그램이 넘어. 근데 무슨 엉덩이가 가벼워? 그리고 계속 공부하다가 잠깐 물 마시러 나온 거야. 엄마는 알지도 못하면서!"

이렇게 투덜거려 봐야 소용없다. 엄마가 말한 것은 실제 엉덩이가 아니라 진득하지 못한 기질을 가리키는 말이기 때문이다. 여기에서 어른들은 아이들을 속이기 위해, "공부는 머리가 아니라 엉덩이로 한다."라는 유명한 거짓말을 만들었다. 의자에 오래 앉아 있는 사람이 공부도 잘한다는 의미다. 하지만 오래만 앉아 있으면 최고인가? 효율적인 공부가 더 중요하다는 걸 엄마는 왜 모를까? 여기서 결정적인 비밀 하나, 세상의 모든 엄마들은 내가 얼마나 열심히 공부하고 있는지 잘 모른다는 사실!

공부를 하다 보면 놀러 나가고 싶어서 '엉덩이가 근질근질'하다. 근질근질하니 가만히 있지를 못한다. 그래서 나온 말이 '달막거리다'이다. 이와 비슷한 말로는 '달망거리다/달싹거리다/들먹거리다/들멍거리다/들썩거리다/딸막거리다/딸싹거리다/뜰먹거리다/뜰썩거리다' 등 많이 있다. 말만 봐도 엉덩이가 얼마나 부산한 존재인지 알 수 있다. 북한에서도 '앉은방아   ' 같은 명사나,

'애질애질엉덩이를 가만히 두지 못하고 궁둥이를 흔드는 모양' 같은 부사를 만들어 쓴다. 특히 '애질애질'이란 말은 엉덩이가 저절로 들썩거릴 만큼 감칠맛이 있다.

이런 말이 많은 걸 보면 아무래도 엉덩이는 어디 한군데 가만히 있지를 못하는 특성을 갖고 있는 모양이다. 그래서 '엉덩잇바람신바람이 나서 엉덩이를 흔들며 걷는 것'이나 '엉덩춤매우 기쁘거나 신이 나서 엉덩이를 들썩이는 것'이란 말이 나왔다. 엉덩이로 추는 춤은 걸 그룹 '카라'보다 훨씬 이전부터 있었던 것이다. 사정이 이러한데 어찌 '엉덩이 무겁게' 오래 앉아 공부를 하는 것이 쉬운 일이랴? 그러니 오늘부터 "나는 왜 이렇게 끈기가 부족할까?" 자신을 질책하는 일은 그만두자. 모두 엉덩이 탓이니까.

엉덩이와 관련이 있는 속담이나 관용구는 많다. 잘못을 저지른 사람이 안절부절못하는 걸 '엉덩이가 구린 모양'이라고 한다. 또 "엉덩이로 밤송이를 까라면 까!"라는 말도 있다. 손으로 만지기도 힘든 따끔따끔한 밤송이를 어떻게 보들보들한 엉덩이로 까라는 말인가? 잔소리 말고 시키면 시키는 대로 하라는 뜻이다. 엉덩이를 속되게 부르는 말도 있다. '엉덩머리', '엉덩짝' 등이 그런 예다.

여기서 퀴즈 하나, 길짐승의 엉덩이는 뭐라고 할까? 답은 '방둥이'다. 그럼 대궐 안에서는 엉덩이를 뭐라고 불렀을까? 아무래도 임금님이 계신 곳이다 보니 조금 노골적으로 느껴지는 '엉덩이'란 말 대신 '둔상(臀像)'이란 한자어를 썼다. 우리말을 낮춰 봐서가 아니라, 표의 문자인 한자어가 가진 은유적 특성 때문이다. '지둔(脂臀)'이란 말도 있는데 지방이 쌓여서 툭 튀어나온 엉덩이를 뜻한다. 남아프리카의 부시먼족이나 호텐토트족 여인에게서 많이 볼 수 있다. 이때의 '둔(臀)'이 '엉덩이'라는 뜻이다.

  지금까지 엉덩이의 여러 면(?)을 살펴봤다. 그런데 우리는 '궁둥이' 라는 말도 많이 쓰지 않던가? 앞에 나온 예는 모두 엉덩이를 궁둥이로 바꾸어도 크게 틀리지 않을 듯하다. 하지만 사전에서는 '엉덩이' 와 '궁둥이'가 서로 다른 것이라고 말한다. 과연 어떻게 다를까? 그리고 그 주장은 옳은 것일까?
  다음 이야기 <'엉덩방아'는 어떻게 찧어야 하는 걸까?>를 보시길.

* 호텐토트족 여인

● 뿔이 날 만한 나이의 송아지를 부르는 말은?

뿔이 날 만한 나이의 송아지를 부르는 말도 있다. '동부레기'다. 그런데 대부분 사람은 '얼룩송아지' 말고는 서로 알고 지내는 송아지가 없을 듯하다. 여기 여러 송아지를 소개한다. 친하게 지내도록 하자. 이들은 대부분 맛있는 한우를 제공하기도 한다.

- 동부레기 뿔이 날 만한 나이의 송아지
- 목매기 코뚜레를 꿰지 않고 목에 고삐를 맨 송아지
- 부룩송아지 아직 길들지 않은 송아지
- 애송아지 어린 송아지
- 어스럭송아지 크기가 중간 정도 되는 송아지
- 얼룩송아지 털빛이 얼룩얼룩한 송아지
- 엇부루기 아직 큰 소가 되지 못한 수송아지
- 엇송아지 아직 다 자라지 못한 송아지
- 중송아지 거의 다 큰 송아지
- 하릅송아지 한 살 먹은 송아지

'엉덩방아'는 어떻게 찧어야 하는 걸까?

앞에서 '엉덩이'와 '궁둥이'는 다른 말인지 의문을 품었다. 비슷한 말인 것 같은 '볼기'는 또 어떻게 다른 것인지도 궁금하다. 이럴 땐 고민하지 말고 말의 곳집인 사전을 통해 해결하는 것이 최고다. 아래의 표는 국립 국어원이 펴낸 ≪표준 국어 대사전(1999)≫에 실린 내용을 옮긴 것이다.

- 볼기 뒤쪽 허리 아래, 허벅다리 위의 양쪽으로 살이 불룩한 부분.
- 엉덩이 볼기의 윗부분.
- 궁둥이 엉덩이의 아랫부분, 앉으면 바닥에 닿는 근육이 많은 부분.

사전의 설명에 따르면 엉덩이는 볼기의 윗부분이고, 궁둥이는 엉덩이의 아랫부분이라고 한다. 즉, 궁둥이는 엉덩이에 속하고, 엉덩이는 볼기에 속한다. 이를 수학의 집합 기호를 통해 풀어 보면 '궁둥이⊂엉덩이⊂볼기'처럼 된다. 하지만 글로 쓰니 무슨 말인지 이해도 잘 안 되고 머리만 복잡하다. 그림으로 그려 보자.

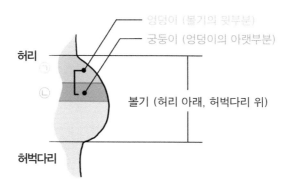

엉덩이 (볼기의 윗부분)
궁둥이 (엉덩이의 아랫부분)
허리
볼기 (허리 아래, 허벅다리 위)
허벅다리

• 《표준 국어 대사전(1999)》에 따른 볼기의 구조

오호, 그림으로 보니 금방 이해할 수 있다. ㉠과 ㉡을 모두 아우르는 부분이 '엉덩이'이고, 그중 ㉡ 부분만 '궁둥이'로구나! 그런데 의문이 든다. 궁둥이는 볼기의 윗부분인 엉덩이에 속해 있는데 사전의 설명처럼 '앉으면 바닥에 닿을 수 있는 부분'이 될 수 있을까? 그래서 직접 시도해 봤다. 하지만 절대 닿지 않았다. 몇 번을 해도 마찬가지였다. 혹시 내 엉덩이에 문제가 있는 것은 아닐까 싶어 어린 두 딸에게도 시켜 봤다. 역시 닿지 않았다. '남녀'와 '노소'를 막론하고 '궁둥이'는 바닥에 닿을 수 없었다. 사전이 잘못된 것이다.

왜 이런 일이 벌어졌을까? 사전을 편찬하는 과정에서 개별적으로 단어의 뜻풀이를 하고는 각각의 단어 뜻을 전체적으로 조율하지 않아 생긴 문제다. 그래서 사전을 편찬한 국립 국어원에 뜻풀이를 검토해야 한다는 의견을 냈다. 그러자 여러 업무에 바쁘실 텐데도 국립 국어원은 선뜻 '궁둥이'의 뜻을 수정해 주셨다. 이 자리를 빌려, 일반인의 의견에도 귀를 기울여 주시는 국립 국어원에 감사의 뜻을 표한다.

그리하여 최근 개편된 ≪표준 국어 대사전(누리집)≫은 '궁둥이' 항목의 뜻풀이를 '엉덩이의 아랫부분'에서 '볼기의 아랫부분'으로 수정했다. 즉, 볼기의 윗부분은 '엉덩이', 볼기의 아랫부분은 '궁둥이'가 된 것이다. 이것도 그림으로 그려 보면 아래와 같다.

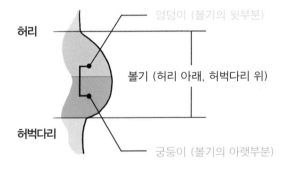

허리

엉덩이 (볼기의 윗부분)

볼기 (허리 아래, 허벅다리 위)

허벅다리

궁둥이 (볼기의 아랫부분)

• 표준 국어 대사전(누리집)에 따른 볼기의 구조

"옳거니! 이렇게 하면 사전에서 설명하고 있는 것처럼 궁둥이는 '앉으면 바닥에 닿'을 수 있겠구나. 휴, 늦게나마 바른 뜻을 가질 수 있어서 다행이야."라고 안심한 순간, 불쑥 이런 생각이 들었다.

"그렇다면, '엉덩방아'는 어떻게 찧어야 하는 걸까?"

'엉덩방아'를 사전에서 찾아보니 '미끄러지거나 넘어지거나 주저앉아서 엉덩이로 바닥을 쾅 구르는 짓'이라고 되어 있고, 같은 말로는 '궁둥방아'를 제시하고 있다. 그렇다면 또 이상하다. 사전은 분명히 '엉덩이'와 '궁둥이'가 다른 부위라고 설명했는데, '엉덩방아'와 '궁둥방아'가 같은 말이라고?

이 의문은 일단 접고, 어쨌든 또 사전에 나온 것처럼 '미끄러지거나, 넘어지거나, 주저앉아' 가며 여러 차례 '엉덩방아'를 찧어 보았다. 이것 역시 무슨 짓을 해도 '엉덩이'가 '바닥을 구르지' 못했다. 이번엔 아프기도 하고, 꽤 위험할 듯도 싶어 두 딸에게는 시키지 않았다. 시켜 보나 마나 아무리 '엉덩방아'를 열심히 찧어도 '엉덩이'는 바닥을 구르지 못할 것이 뻔하니까.

이것뿐만이 아니다. 사전에서 '엉덩이'와 '궁둥이'에 관련된 말들을 찾다 보니 혼란은 더 커졌다. 일단 사전에서 구분한 '엉덩이'와 '궁둥이'의 차이를 인정하고 다음의 예를 보자.

'도제 기마 인물상'의 뜻풀이를 보면 '궁둥이 위에 술잔 모양의 물
넣는 구멍'이 있다고 했는데, 사진에서 보듯 술잔은 '궁둥이'가 아니
라 '엉덩이' 가까운 쪽에 있다. 만약, 사전의 설명처럼 '엉덩이'와 '궁
둥이'가 다른 부위이고, 도제 기마 인물상의 '궁둥이'에 술잔이 놓여

있다면 술잔 속의 액체가 모두 쏟아지고 만다. 도제 기마 인물상의 설명이 잘못된 것이다. 이것은 단순한 오류라기보다는 굳이 '엉덩이'와 '궁둥이'를 구분하려고 했던 탓이 크다.

의학 용어로 들어가면 더 복잡하다. '궁둥살'과 '볼기근'은 어떻게 구분해야 하는지, '엉덩 관절'과 '궁둥 신경'에서 '엉덩'과 '궁둥'은 달라야 하는 것인지, '엉덩 살굴 신경'이 아프면 '궁둥 신경통'이라고 할 수는 없는 것인지, '엉덩뼈'와 '궁둥뼈'와 '볼기뼈'는 또 어떻게 구분해야 하는지 헷갈릴 뿐이다. '뼈다귀'라면 그야말로 귀신만큼 잘 알고 있다는 의사 친구에게 물어봤지만 그 역시 정확한 대답을 하지 못했다. 뼈 이름은 라틴어에서 온 영어로 배운단다. 그리고 사전의 구분이 옳은 것인지도 잘 모르겠단다. 그래서 녀석에게 한마디 해 줬다. "이런 순 돌팔이 같으니라고!"

아, 머리가 복잡해지기 시작했다. 그래도 인내심을 갖고 끝까지 검토해 보자.

- 호케 스키에서, 활강할 때 허리를 낮게 구부리고 엉덩이를 든 자세.

- 훌라댄스 엉덩이를 내어 두르면서 추는 하와이의 민속춤.

- 울력걸음 봉산 탈춤 따위에서, 두 손을 들어 맞잡고 좌우로 흔들며 다리를 올려 딛고 엉덩이를 흔들면서 씩씩하게 걷는 춤사위.

앞에 나온 '엉덩이'들을 보자. 엉덩이를 들면 궁둥이도 같이 들리고 '들체'의 경우, 엉덩이를 내어 두르면 궁둥이도 같이 내어 둘리며 '둘리댄 조'의 경우, 엉덩이를 흔들면 궁둥이도 같이 흔들릴 수밖에 없다 '흔들것들'의 경우. 즉, 엉덩이와 궁둥이가 제각각 따로 노는 경우는 절대로 없다. 만약 그런 사람이 있다면 외계인이거나 온몸이 각각 따로 움직이는 퍼즐맨일 것이다. 이미 해외 토픽에도 실렸을 테지.

사전은 '엉덩이'와 '궁둥이'를 구분해서 쓰라고 말하고 있지만, 같은 사전 안에서도 '엉덩이'를 쓸 자리에 '궁둥이'를 쓰거나, '궁둥이'를 쓸 자리에 '엉덩이'를 쓰는 등 그 뜻풀이가 중구난방이고 혼란스럽기 그지없다. 또 굳이 구분해서 쓸 필요가 없는 말도 많다.

말의 의미와 쓰임새를 엄격하게 구분하는 것은 여러 면에서 바람직하다. 개념을 확실하게 한다는 면에서도 그렇고, 한국어를 풍요롭게 만든다는 면에서도 그렇다. 어감이나 말뜻의 섬세한 차이는 언어가 가져야 할 덕목이다.

단, 여기엔 전제 조건이 있다. 그렇게 했을 때 우리의 말글살이가 더 편리하고 명확해져야 한다는 점이다. 하지만 앞에서 살펴본 것처럼 '엉덩이'와 '궁둥이'는 의미를 구분했을 때 오히려 설명할 수 없는 부분이 생긴다. '엉덩방아'를 찧기 위해 고난도 체조 동작을 할 수는 없는 노릇 아닌가? 기마상의 궁둥이에 술잔이 놓여 있다면 다 쏟아지고 말 것 아닌가?

자, 이제 이 길고 복잡한 글을 마칠 때가 됐다.

소고기는 등심이 맛있다. 그중에서도 꽃등심! 그냥 맛있는 것도 아니고 눈물이 날 만큼 맛있다. 오죽하면 '꽃' 자가 붙었겠는가! 꽃등심을 먹은 날은 일기에도 쓰고 싶고, 연애편지에도 쓰고 싶다. 그야말로 귀하신 '살님'이시다. 그래서 가격도 비싸다. 하지만 사람 엉덩이가 소고기도 아닌데 부위를 구분하는 건 혼란만 준다. 사람 볼기를 소처럼 '우둔'과 '설도'로 나눠서 무슨 소용이 있겠는가?

말은 언중의 것이고, 사전은 언중의 말을 채집하여 싣는 곳이다. 많은 사람들이 '엉덩이'와 '궁둥이'를 비슷한 뜻으로 받아들이고 있으므로 그냥 그렇게 쓰면 된다. 사전의 괜한 친절과 과도한 설명은 머리만 아프다. 느낌에 따라, 말맛에 따라 달리 쓰는 정도로 충분하다. 그게 아니라면 사전에 나온 '엉덩이 · 궁둥이 · 볼기' 관련 단어 전체를 다시 검토해야 한다. 그 단어들…, 내가 밤새워 사전을 찾으며 세어 봤는데 모두 301개였다. 어느 세월에 이걸 일일이 검토하고 정확히 부위를 나눠 뜻풀이를 다시 할 수 있을까?

그래서 이 글의 결론이 뭐냐고? 아, 말했잖아. 소는 맛있다고!

● 엉덩이와 궁둥이를 구분하는 것이 가능할까?

하나씩 살펴보자.

① 엉덩이걸음 앉은 채로 바닥에 댄 궁둥이를 한 짝씩 걸음 걷듯이 옮겨 놓는 일.

② 엉덩받이 엉덩이를 대고 앉을 만한 자리.

> **참고** 앉다 : 사람이나 동물이 윗몸을 바로 한 상태에서 엉덩이에 몸무게를 실어 다른 물건이나 바닥에 몸을 올려 놓다.

③ 물휴지 물기가 있는 축축한 휴지. 손이나 얼굴 또는 아기의 엉덩이를 간편히 닦는 데에 많이 쓰인다.

④ 앉아사격 한 무릎을 꿇고 앉거나 두 무릎을 굽히고 엉덩이를 땅에 대고 앉아서 하는 사격.

① 사전은 '엉덩이'와 '궁둥이'가 서로 다른 것이라고 했는데 '엉덩이걸음'의 뜻풀이는 '엉덩이'가 아니라, '궁둥이를 한 짝씩 걸음 걷듯이 옮겨 놓는 일'이라고 한다. 잘못된 것이다. 이런 예에는 '엉덩잇바람＝궁둥잇바람', '엉덩춤＝궁둥춤', '엉덩배지기＝궁둥배지기'도 있다. 서로 다른 부위인데 같은 말이 될 수 없다. 참고로 '엉덩잇바람'은 '방귀'가 아니라, '신이 나서 엉덩이를 흔들며 걷는

것'을 말한다. '엉덩춤'은 기뻐서 '엉덩이를 들썩들썩하는 짓'이고, '엉덩배지기'는 씨름의 기술이다.

② '엉덩받이'는 '엉덩이를 대고 앉을 만한 자리'라고 한다. 얼핏 보기에는 틀린 곳이 없는 것 같지만, '앉다'라는 말을 보면 이 말이 왜 잘못되었는지 알 수 있다. 참고에 나온 '앉다'의 뜻풀이를 꼼꼼히 읽어 보시길 바란다. 힌트는 '엉덩이에 몸무게를 실어'와, '몸을 올려놓다'에 있다.

③ '물휴지'를 설명하고 있는데 '아기의 엉덩이'를 닦는 데에 많이 쓰인다고 한다. '많이 쓰인다'라는 말에서 그 용도의 범위가 제시 대상보다 더 넓음을 짐작할 수는 있지만 그렇다고 해도 '물휴지'로는 아기의 '궁둥이'는 닦을 수 없는 것일까 하는 생각도 든다.

④ '앉아사격'은 북한어이기는 하지만 참고할 만하다. 우리나라 용어로 바꾸면 '앉아쏴'에 해당한다. 군대에서는 여성을 지칭하는 은 어이기도 하다. 남성은 '서서쏴'다. 여기서도 '엉덩이를 땅에 대고'라는 말이 나오는데 앞에서 살펴본 것처럼 '궁둥이'는 땅에 닿을 수 있지만, '엉덩이'는 눕기 전에는 땅에 결코 닿을 수 없다.

펜을 반드시 '펜'이라고 불러야 하는 걸까?

자기 마음대로 '물'을 '불'로 부르고, '불'을 '물'로 부른다면 소방서는 제 기능을 할 수 없단다. 언어는 사회적 약속이기 때문이지.

우리들이 소꿉놀이를 할 때는 '풀'을 '김치'라고 하고, '붉은 벽돌 가루'를 '고춧가루'라고 해도 아무 이상이 없는걸요.

앤드루 클레먼츠의 소설 《프린들 주세요》에서 주인공 닉은 사전에 오른 말도 바뀔 수 있다는 걸 보여 주려고 '펜'을 '프린들'로 바꿔 부르기로 했다. 처음에는 그저 닉과 주변 친구들 사이에서만 통용되던 '프린들'이란 말은 점점 더 많은 사람들이 사용하게 된다. 이에 그레인저 선생님은 "앞으로 펜 대신 프린들이라는 말을 쓰다가 발각되면, 방과 후에 남아서 '나는 펜으로 반성문을 쓰고 있습니다.' 라는 문장을 백 번씩 써야 합니다."라는 경고문을 붙여 놓는다. 닉과 그레인저 선생님이 '프린들'과 '펜'을 두고 벌이는 전쟁(?)이 어느 쪽의 승리로 끝나는지를 지켜보는 것이 이 소설을 읽는 재미다.

사실 '펜'을 반드시 '펜'으로 불러야 할 이유는 없다. 다시 말하자면 언어의 기호와 그 기호가 가리키는 지시 대상과의 관계는 필연적이지 않다. 가령 한 송이 꽃을 가리키는 말이 반드시 '꽃'이 될 필요는 없다. 미국인은 그 '꽃'을 '플라워'라고 하고, 독일인은 '블루메'라고 한다. 기호와 의미의 이런 관계를 자의적(恣意的) 관계라고 한다. '자의적'이란 '일정한 질서를 무시하고 제멋대로 하는'이라는 뜻을 가진 말이다. 이런 뜻을 감안한다면 자의적 관계란 일정한 질서 없이 제멋대로 만들어진 관계라는 뜻이다.

'꽃'을 '돌'이라고 부르자는 약속이 성립되면 우리는 "봄이 오니 돌이 활짝 피었다."라는 표현을 들어도 이상하다고 생각하지 않을 것이다. 우리는 졸업식장에서 한 송이의 돌을 들고 함박웃음을 지을 수도 있을 것이다. 왜? '꽃'을 '돌'이라고 부르기로 약속했으니까 말이다.

그러나 기호와 의미의 관계가 어떤 식으로든 굳어지면 내 마음대로, 즉 자의적으로 바꿀 수 없는 것이 언어의 사회성이다. 내 마음대로 '책'을 '꽃'이라고 말해서도 안 되고, '꽃'을 '돌'이라고 말해서도 안 된다. 하나의 기호가 가지고 있는 의미를 마음대로 바꾼다면 의사소통이 원천적으로 불가능해지기 때문이다.

언어 기호가 사회성을 가진다면 언어를 함부로 바꿀 수 없다. 또 언어가 사회성을 가진, 즉 자의적으로 고칠 수 없는 것이라면 언어는 고정되어 있어야 함이 마땅하다. 그럼에도 왜 언어 기호는 변하는 것일까?

《프린들 주세요》에서 우리는 언어 기호가 어떻게 변할 수 있는지, 그 실마리를 찾아볼 수 있다. 처음에는 펜을 '프린들'이라고 부른 사람은 닉 혼자였다. 펜을 '프린들'이라고 부른 사람이 닉 혼자였다면 아무 문제가 없다. 닉 혼자만 이상한 아이로 낙인찍히면 그만이니까 말이다. 문제는 '프린들'이라는 말을 쓰는 사람들의 숫자가 많아질 때다. '프린들'이라는 단어를 닉의 학급에 있는 학생들만 사용한다고 해도, 큰 문제가 되지 않는다. '프린들'을 그 반 아이들끼리만 사용하는 '은어(隱語)'쯤으로 생각하면 그만이니까.

어떤 계층이나 부류의 사람들이 다른 사람들이 알아듣지 못하도록 자기네 구성원들끼리만 빈번하게 사용하는 말이 은어다. 닉이 속해 있는 학급의 아이들만이 '프린들'이란 단어를 사용한다면 '프린들'이란 단어가 바로 닉네 학급의 은어라 할 수 있다. 어떤 동호회에서 갑작스럽게 만나는 것을 지칭하는 용어로 '번개'라는 단어를 사용했다면, 이 '번개'라는 말 역시 그 동호회 사람들만이 사용하는 은어에 해당한다고 할 수 있다. 그런데 그 단어가 점점 더 많은 사람들이 사용하고, 급기야 국민 대다수가 그 단어를 널리 쓰게 되면 한 집단의 은

어도 당당하게 표준어의 반열에 오를 수가 있다는 사실이다. 새롭게 만들어지는 단어, 신조어(新造語)는 이런 과정을 거쳐 표준어의 지위를 획득하게 된다.

그렇다면 ≪프린들 주세요≫에서 그레인저 선생님이 '프린들'이란 단어를 사용하지 못하게 한 것은 어떤 이유에서일까? 답을 하기 전에 한번 곰곰이 생각해 보자. '물'을 '불'로, '불'을 '물'로 고쳐서 부르기로 작정했다면 어떤 일이 벌어질까? 물을 달라고 하는데 불을 줄 수는 없는 일이다. '물'과 '불'의 의미가 분명하게 나뉘어 불리지 않으면 소방서는 제 기능을 할 수가 없게 된다. 언어는 기본적으로 사회적 약속이다. 그 약속이 제대로 지켜지지 않으면 의사소통에 장애가 발생한다. '불'을 '불'로 부르고 '물'을 '물'로 부를 때, 소방서는 제 기능을 할 수가 있다.

그레인저 선생님이 학생들에게 가르쳐 주고 싶었던 것도 그 단순한 사실이 아닐까.

외래어 표기법에 대처하는
우리의 자세

많은 사람들이 '외래어'와 '외국어'의 차이를 잘 모른다. 간혹 외래어를 우리말이 아니라고 생각하는 경우도 있지만 외래어는 외국에서 들어와 언중에게 쓰이는 우리말이다. 외국어는 말 그대로 다른 나라의 말이다. 즉, '라디오/텔레비전/버스/택시' 등은 외래어이고, '팜 파탈/헤어숍/스마트폰' 같은 말은 널리 쓰이고 있음에도 외국어다. 물론 이 둘의 차이를 구분하기는 쉽지 않다. 기준도 애매하다. 현재는 국어사전에 실린 말을 '외래어'로 본다. 외국어도 널리 쓰인다면 사전에 실리고, 외래어의 지위를 획득하게 된다.

외래어 또는 외국어는 다른 나라에서 들어온 말이지만 그 나라의 언어로 표기할 수는 없다. 예를 들어 "오늘 smartphone을 하나 샀는데 application을 뭘 깔아야 할지 모르겠어."라고 할 때 이 'smartphone'과 'application'을 영어 그대로 써 놓을 수는 없는 노릇이다. 우리가 읽을 수 있는 한글로 바꿔야 한다. 이를 위해 나라에서는 1986년 1월 새로운 어문 규정을 만들었다. 바로 '외래어 표기법'이다. 이 '외래어 표기법'은 외래어를 한글로 적는 방식을 규정한 우리말 표기법의 하나다.

외래어에 대한 오해 못지않게 외래어 표기법에 대해 잘못 알고 있는 부분도 많다. 대표적인 것이 '외래어 표기법은 그 나라에서 쓰는 발음 그대로 한글로 적는 것'이라는 오해다. 외래어 표기법은 외래어의 어형을 통일하기 위한 것이지 '외래어 발음 표기법'이 아니다. 일전에 'orange'를 '오렌지'가 아니라 영어 발음에 유사하도록 '아륀지'라고 적자고 했던 사건이 벌어졌던 것도 '외래어 표기법'을 잘못 이해한 결과다.

물론 외래어 표기법의 큰 원칙은 외국어의 원음에 따라 적는 것이다. 하지만 외국어에는 있는 발음이 우리말에는 없는 경우가 많다. 없는 말을 우리 자모로 표현하다 보니 어색해 보이는 것도 있다. 'concept' 같은 경우 우리는 보통 [컨셉]이라고 발음하고 표기하지만, 외래어 표기법을 적용하면 '콘셉트'라고 써야 옳다.

또 외래어는 외국어가 우리말로 변하는 과정에서 우리말의 언어체계에 맞게 소리도 바뀐다. 'thank'의 [θ]나, 'flower'의 [f]는 우리 귀에 [ㄷ], [ㅍ]로 들리지만 실제로 [ㄷ]와 [ㅍ] 소리가 아니다. 즉, 우리말에 없는 소리를 한글 자모로 적다 보니 실제 발음대로 적을 수 없다. 단지 표기를 위해 유사한 소리로 대체한 것뿐이다. 위에서 '외래어 표기법'이 '외래어 발음 표기법'이 아니라고 한 이유다.

이런 여러 변명을 늘어놓았음에도 '외래어 표기법'은 완벽하지 않다. 왜 그런지 하나씩 살펴보자.

어떤 언어를 원어로 삼았는지 알 수 없다

특히 화학 용어에서 이런 예를 많이 찾을 수 있다. 우리가 흔히 '메탄'이라고 부르는 'methane'은 외래어 표기법대로 적으면 '메세인'이 된다. 그런데 이를 '메탄'이라고 정한 것은 영어 'methane'이 아닌 독일어 'methan'을 기준으로 했기 때문이다. 또 다른 예로 '洪吉童'이란 이름을 가진 사람이 있다고 치자. 우리 한자 읽기로 하면 '홍길동'이 될 테지만, 똑같은 한자를 놓고도 중국과 일본에서는 다르게 부른다.

소설가 사드의 이름에서 따온, 가학성애를 뜻하는 말의 경우는 원어인 프랑스어 표기 '사디슴(sddisme)'도 아니고, 영어 표기인 '새디즘(sadism)'도 아닌 '사디즘'이라는 국적 불명의 표기법을 제시하고 있기도 하다. 결국 표기법을 정하는 사람들이 어떤 언어를 원어로 삼았는지, 혹은 삼을지 알 수 없기 때문에 일반 언중은 외래어 표기를 제대로 적기 힘들다.

언어 · 음성학에 대해 꽤 많은 지식을 필요로 한다

외래어 표기법은 철자를 보고 적는 것이 아니라 발음에 따라 적는다. 따라서 언어 · 음성학에 대해 지식을 갖고 있지 않으면 제대로 적기 힘들다. 그나마 영어는 우리에게 익숙한 언어라서 어느 정도 표기법을 적용할 수 있지만 그 외 동구권·북구권·동남아시권·아랍권 등처럼 낯선 언어는 전공자가 아닌 경우 그 말의 발음과 음성학적 지위 등을 알 수 없기 때문에 외래어 표기를 제대로 적기 힘들다.

한 단어를 여러 방식으로 읽을 때 발음의 기준이 없다

한 일간지는 'super'의 표기를 꿋꿋하게 '수퍼'라고 적는다. 하지만 'super'는 외래어 표기법에 따라 '슈퍼'로 적는 것이 원칙이다. 왜 표기법을 따르지 않는지 그 이유를 기자에게 물었더니 위에서 내려온 지시라고 한다. 그 신문은 '슈퍼'가 아니라 '수퍼'라고 적겠다는 것이다. 그럼 위에서 지시를 내린 사람이 우월적 지위를 이용해 권력을 남용했거나, 무식해서 외래어 표기법을 몰라 그런 걸까?

아니다. 'super'는 [suːpə(r)] 또는 [sjuːpə(r)]로 소리 나기 때문에 '수퍼'로 적을 수도 있고, '슈퍼'로 적을 수도 있다. 그런데 외래어 표기법은, 정확하게는 외래어 표기를 정한 사람이 두 개의 발음 중에서 '수퍼'가 아닌 '슈퍼'를 선택한 것뿐이다. 앞에 나온 'methane'도 미국식으로 읽으면 '메세인'이고, 영국식으로 읽으면 '미세인'이 된다.

이처럼, 일반 언중은 외래어 표기를 정하는 사람들이 어떤 발음을 선택할지 알 수 없기 때문에 외래어 표기를 판단하기 힘들다. 즉, 기준이 되는 사전도 없고, 영국 발음으로 적을 것인지 미국 발음으로 적을 것인지에 대한 명확한 원칙도 없기 때문이다.

관용 표기가 너무 많다

외래어 표기법이 유명무실해진 가장 큰 이유는 바로 이 '관용' 탓이다. 기껏 외래어 표기법을 정해 놓았으면서도, 기존에 쓰던 말은 관용이라고 하여 표기법과 상관없이 인정하고 있다. 이 또한 어떤 말을, 어떤 이유로 관용으로 인정했는지 기준이 없다. 어떤 것은 관용대로 인정하면서, 또 어떤 것은 외래어 표기법에 따라 적는다. 이런 예는 일일이 찾을 수도 없을 만큼 무수히 많다.

어문 규정에 있어서 '관용'은 양날의 칼이다. 어느 한쪽은 희생을 당해야 한다. 관용의 인정은 어떤 측면에서는 불가피한 면이 있는 것도 사실이지만 그 때문에 원칙 자체가 무너지는 오류를 범하고 말았다.

지금은 사라지고 없지만 예전엔 극장에 가면 '대한 뉴우스'라는 국정 홍보 영상을 봐야 했다. 옛날 신문들도 '황당한 뉴우스'처럼 'news'를 '뉴우스'라고 썼다. 간혹 '뉘우스'라고 하는 경우도 있었다. 이것을 '뉴스'로 바꿨을 때 최초 언중은 낯설고 적응하기 힘들었을 테지만, 지금은 누구도 '뉴우스' 또는 '뉘우스'라고 하지 않는다. 그런데 이 'news'조차도 외래어 표기법에 따르면 '뉴즈'가 되어야 한다. '뉴스'로 쓴 것 역시 관용이다. 그렇다면 '뉴우스'를 '뉴스'로 바꾸던 무렵에 아예 '뉴즈'로 확정했다면 어땠을까? 지금쯤은 '뉴스'라는 말도 사라지고 '뉴즈'만 남았을 것이다. 원칙을 고수했어야 한다는 이야기다. 물론 '뉴우스'가 '뉴스'로 바뀌던 시절에는 외래어 표기법이 없었지만.

국립 국어원은 1991년 9월부터 지금까지 90여 차례에 걸쳐 '정부·언론 외래어 심의 공동 위원회'라는 걸 열어 단어마다 일일이 표기를 결정하고 있다. 때로는 전에 결정한 사항을 뒤에 다시 고치기도 한다. 분명히 우리에겐 나라에서 제시한 '외래어 표기법'이 있는데 왜 이런 회의를 한두 번도 아니고 10년에 걸쳐 백 번에 가깝게 하고 있는 걸까? 머리 아프게…….

　외래어 표기법은 분명 우리가 따르고 지켜야 할 규칙임에는 틀림없다. 또한 어문 규정이 항상 원칙대로 시대의 상황을 반영할 수는 없다는 것도 인정해야 한다. 하지만 실제로는 위와 같은 여러 이유 때문에 그냥 외우는 수밖에 도리가 없다. 외래어 표기를 정확하게 적을 일이 있으면, 표기를 정하는 곳에서 '요건 요렇게, 조건 조렇게 써라.'라고 제시한 무수한 용례를 찾아 그때그때 적용하는 수밖에 없다.

　이래저래 외래어 표기법은 어렵다. 원칙은 공부하되, 어떤 예외가 있는지 사전이나 국립 국어원에서 제시한 용례를 찾는 노력도 함께 기울여야 한다. 더 좋은 방법은 원칙을 정했으면 예외를 인정하지 않는 것이다. 처음엔 다소 혼란이 있더라도 원칙을 따라 가면 잘못될 일이 없다.

정치적인 말,
사회적인 말

'싸가지'와 '구리다'로 본 세대론

나이가 지긋한 사람들은 젊은이들을 욕할 때 '버릇이 없다'라는 표현을 자주 쓴다. 고대 이집트의 문헌에도 "요즘 애들은 버릇이 없다."라는 문구가 있었다고 하니 나이 든 사람들과 젊은이들 간의 세대 차이에서 오는 갈등은 그 역사가 자못 깊다고 하겠다.

과거의 일들은 크게 보이기 마련이다. "내가 어렸을 때는 지금보다 훨씬 눈이 많이 내렸지."라고 마치 객관적인 사실인 듯 말하는 사람들도 있지만, 그러한 발언은 매년의 강설량을 보여 주는 데이터를 바탕으로 한 것이 아니라 말하는 사람이 그때그때 느낀 기분을 반영하기 십상이다.

인간은 자기를 중심으로 생각하는 '자기중심성'이 강하다. 잘한 것은 내 덕이고, 못한 것은 네 탓이라는 생각도 일종의 자기중심성이다. 이런 자기중심성은 곧잘 집단중심성으로 확장된다. "우리 때는 그러지 않았는데, 요즘 애들은 영 싸가지가 없어."라는 표현도 일종의 집단중심성이다. 이런 집단중심성에서는 타인에 대한 배려가 부족하다. 우리는 선이요, 너희는 악이라는 이분법도 집단중심성의 한 특징이다.

≪표준 국어 대사전≫은 '싸가지'를 '싹수'의 사투리로 분류해 놓고 있다. 그러나 <내 사랑 싸가지>라는 영화의 제목에서 보듯 '싸가지'라는 말은 전 국민의 호응을 얻고 있는 단어임에 틀림이 없다. 국민들의 대다수가 '싸가지'라는 단어를 선택했는데, 몇몇의 학자님들께서 비표준어라고 말씀하시는 것이 과연 온당할까?

자신의 집단을 선(善)으로 보고 다른 집단을 악(惡)으로 보는 것은 어쩌면 인류가 가진 보편적 성향이라고 말할 수도 있겠지만, 인간이 가진 보편적 성향이라고 해서 다 그 존재 가치를 인정받을 수 있을 것 같지는 않다. 가령, 질투는 누구나 가질 수 있는 것이지만 ≪신곡≫을 쓴 단테는 교만·탐욕·정욕·분노·탐식·나태와 함께 인간의 7대 죄악으로 규정하고 있다.

가부장 제도와 군사 독재의 권위가 추상같이 살아 있던 시대의 젊은이들은 어른들의 권위에 눌려 기를 펼 수조차 없었다. 집안에서 아버지의 권위는 대단했다. 아버지는 곧 왕이나 마찬가지였다. 요즘 아버지들은 담배 한 대를 피워도 베란다나 공원 벤치에 나가 피우지만 옛날 아버지들은 달랐다. 버젓이 방에서 담배를 태웠다. 쿨럭쿨럭 기침이 나오더라도 식구들은 그러려니 했다. 이런 시절에 아이들은 아버지만 보면 꽁지를 빼기 일쑤였다. 대화 같은 것은 없었다. 아버지가 결정하면 그대로 따라야 했다. 아버지의 권위에 짓눌린 아이들이 불만을 가져도 그것을 밖으로 발설할 수 없었다. 불만이 있어도 말을 못 하는 아이들, 그 아이들의 모습이 어른들의 눈에는 고분고분한 모습으로 비쳤을지도 모르겠다.

그런데 요즘 아이들은 어떤가? 시대가 달라져도 한참 달라졌다. 아이들뿐만이 아니다. 집안의 경제권은 '어머니', 곧 여성이 쥐고 흔든다. 자녀들을 어떤 학원에 보낼지, 어떤 학습지를 구독하게 할지 모두 여성이 결정한다. 가정에서 이루어지는 의사의 최종 결정은 대부분 여성의 몫이다. 여성의 의사 결정권은 곧 여성들의 권력이기도 하다.

여성들의 의사 결정권에 비해 남성들의 의사 결정권은 빈약하다. 아직도 남성들에게는 '가장(家長)'이라는 칭호가 주어지지만 이 칭호는 '경제적으로 식솔을 책임지는 사람' 정도로 인식된다. '가장'이라는 칭호에는 '피곤'이 '더께'처럼 눌어붙어 있다. 돈벌이에서 오는 피곤을 어떤 작가는 '밥벌이의 지겨움'이라고 표현하기도 했다. 이 지겨움을 잠시라도 잊기 위해 가장들은 술을 마신다. 술에 장사는 없다. 많이 마시면 취하는 게 술이다. 취한 가장의 마음속에 어떤 '멍든 마음'이 있는지를 식솔들이 모른다면 가장은 외롭다.

나이 든 가장들이 젊은 세대들로부터 가장 많이 듣는 형용사는 '구리다'이다. '구리다'라는 형용사의 뜻은 "① 똥이나 방귀 냄새와 같다. ② 하는 짓이 더럽고 지저분하다. ③ 행동이 떳떳하지 못하고 의심스럽다."이다. '구리다'는 '뒤'와 결합되어 '뒤가 구리다'처럼 쓰이기도 한다. 이는 '숨겨 둔 약점이나 잘못이 있다'라는 뜻이다.

'구리다'라는 단어는 요즘의 신세대들에 의해 '품질이 좋지 않은', 혹은 '구식의'라는 뜻으로 사용되기도 한다. 누군가가 구형 휴대폰을 가지고 있으면 그 휴대폰과 함께 휴대폰의 주인마저도 '구린'이라는 형용사의 수식을 받아야 한다. 이런 평가를 받는 것은 기분 좋은 일이 아니다. "내 또래들은 잘나가는데 왜 나만 '구린' 사람이란 평가를 받아야 하는 걸까?" 하는 억하심정에 경제적으로 어려운 부모를 졸라 최신 휴대폰을 덜컥 구입하기도 한다.

새 휴대폰은 '쿨하다'라는 평가를 받는다. 최신식 휴대폰을 가진 것만으로 '쿨한' 사람이 되는 것이다. 여기서 한발 더 나아가 최신식 스마트폰을 가졌다면 또래들의 부러움을 산다. 신세대들은 '쿨하다'라는 평가를 얻기 위해 무엇을 구매할지 신경을 쓴다. 그들이 물건을 살 수 있는 구매력을 가졌건 가지지 못했건 상관없다. 제품의 질을 따지는 것도 아니다. '잘나가는 상표'면 그만이다. 명품이라도 된다면 금상첨화다.

이에 비해 가장 세대들은 물건 하나 사는 것도 쩔쩔맨다. 과자를 먹고 싶으면 먹고, 장난감을 가지고 싶으면 가질 수 있을 만큼 풍족한 어린 시절을 보내지 못했다. 그런 만큼 소비가 낯설다. 그런 모습이 젊은 세대들에게는 '구리게' 보이는 것인지도 모른다.

가장 세대들은 정보 기기의 조작도 서툴다. 공중전화 시대에서 삐삐 시대를 거쳐 왔고, 인터넷과 스마트폰 시대까지 왔지만 그들은 여전히 '디지털'이 불편한 세대다. 가장 세대들은 '새것'이 편하지 않다. 그들은 오히려 '낡은 것'이 편한 세대다. 새것과 마주칠 때마다 '매뉴얼'을 보고 익혀야 하지만 기기의 조작은 언제나 짜증과 스트레스가 따르기 마련이다. 그런 비싼(?) 희생을 치르느니 차라리 예전의 기기를 쓰고 말겠다는 가장 세대들, 그들은 휴대하기조차 불편할 것 같은 소위 '벽돌폰'을 부끄럽지도 않게 들고 다닌다. 바로 그런 모습이 신세대들에게는 '구린' 모습으로 비치는 것이다.

'싸가지'가 '싹수'의 사투리라면 '싸가지 없다'는 '싹수없다'란 말과 같고, 이 말은 곧 장래성이 없다는 뜻이다. 다시 말해 '싹수없다'라는 표현은 '어떤 일이나 사람이 앞으로 잘될 것 같은 낌새나 징조가 없다'라는 뜻이니 이는 특히 젊은이들에게 절망적인 표현이라고 할 수 있다. 어찌 보면 욕이나 저주라고도 할 수 있다.

'구리다'는 그 자체가 욕이다. '구리다'는 배설물의 냄새를 풍기니까 말이다. 욕이 배설물을 가리키는 명사인 '똥'과 결합하는 양상은 세계 공통이라고 할 수 있다. 그러니까 가장 세대들은 젊은 세대들에게 '싸가지 없다'라고 말하면서, 그리고 젊은 세대들은 가장 세대들에게 '구리다'라고 말하면서 서로가 서로에 대해 욕을 하고 있다고 해도 과언이 아니다.

역지사지(易地思之)라고 하지 않던가. '왜 저들이 구릴 수밖에 없었을까, 왜 그들은 싸가지가 없을까?'를 곰곰 생각한다면 세대 차의 구렁도 조금은 메워질 수 있지 않을까.

● 인간의 자기중심성

이 세상의 사물은 여러 각도에서 바라볼 수 있다. 사람의 일도 마찬 가지다. 이렇게 볼 수도 있고, 저렇게 볼 수도 있다. 그러나 사람들은 곧잘 내가 보는 방식대로 다른 사람도 어떤 사물을 바라볼 것이라고 생각한다. 하지만 이는 잘못이다. 물건은 더운 방에 있다가 나온 사람에게는 미지근하게 느껴지지만, 추운 곳에 있다가 들어온 사람에게는 따뜻하게 느껴진다. 사람들 개개인이 느끼는 감각은 결코 절대적이지 않다.

'착한'이란 말을 남용하고 있다

한 아이가 울고 있다. 왜 우느냐고 물었더니 책상에 부딪혀 넘어졌다면서 "책상, 나빠!"라고 한다. 나에게 아픔을 주었으니 책상이 나쁘다는 이야기다. 그렇다면 아이가 책상에 부딪히고도 상처를 입지 않았다면 책상은 아이에게 고통을 주지 않았으니 '착한 책상'이라고 말할 수 있을까.

동화에는 '착하다'라는 형용사를 사물에까지 확장하여 쓰는 사례를 무수히 발견할 수 있다. 더운 여름, 사람들에게 시원한 그늘을 제공하는 나무는 '착한 나무'이고, 사람들의 갈증을 풀어 주는 샘물은 '착한 샘물'이라는 설정은 동화에서 낯선 것이 아니다.

그러나 엄밀히 말해서 '착한'이라는 형용사는 주로 사람의 선량한 마음씨를 가리키는 말이다. '착한 아기', '착한 이웃'처럼 말이다. 하지만 요즈음엔 '착한'이라는 말이 가격·상품·소비·몸매·디자인 등을 가리키는 말로 무분별하게 쓰이고 있다.

한 휴대폰 광고에서는 늘씬한 몸매의 모델을 두고 '착한 몸매'라고 표현한다. 대체 '착한 몸매'라고 표현하는 것은 왜일까. 곰곰 생각해 봐도 합리적인 이유는 없다. 단지 그 광고의 제작자가 '착한'이라는 형용사를 '예쁘고 늘씬하다'라는 의미로 다시 정의했을 뿐이다. 물론 '착한'이라는 형용사에 '예쁘고 늘씬한'이란 뜻은 없다. 언중들도 광고 제작자들의 그런 언어 사용에 동의한 적이 없다.

따지고 보면 '착한 몸매'라는 것은 있을 수 없다. 늘씬한 몸매, 혹은 뚱뚱한 몸매가 있을 뿐이다. 그런데 이 '착한 몸매'라는 표현은 늘씬한 것은 좋고, 뚱뚱한 것은 나쁘다는 의미를 은연중에 강조한다. 이런 표현은 온당하지 않다. 왜? 뚱뚱한 것은 죄악이라는 생각을 알게 모르게 내비치고 있기 때문이다. 늘씬한 몸매가 곧 '착한 몸

매'라는 표현은, 뚱뚱하다는 것이 식탐을 조절하지 못한 무절제에서 비롯한 것이며, 자기 관리를 하지 못한 게으름에서 비롯한 것임을 전제로 한다. 다시 말해 '착한 몸매'라는 표현은 중립적인 표현이 아니다. 늘씬한 몸매는 선이고, 뚱뚱한 몸매는 악이라는 생각을 사람들에게 무의식적으로 강조하고 있기 때문이다.

만약 늘씬한 몸매만이 착한 몸매라고 한다면 중년의 여성들이나 노년의 할머니들 몸매는 '악(惡)한 몸매'가 된다. 중년의 여성들이나 할머니들의 몸매를 두고 '악한 몸매'라고 말하는 것은 옳지 못하다. 그들의 몸매는 세월이 가져다준 자연스러운 결과일 뿐이다. 나이가 들면 살이 찌는 것은 어찌 보면 자연스러운 일이고, 늙으면 피부에 주름이 느는 것 역시 당연한 일이다. 자연스럽고 당연한 것을 악하다고 말하는 것은 억지다.

한 방송국의 일일 연속극 제목은 〈나쁜 여자, 착한 여자〉다. 그런데 이 드라마에 등장하는 '나쁜 여자'는 강하면서도 아름답고, 능동적인 성격의 여성이다. 그녀의 직업은 의사다. 반면 '착한 여자'는 다른 여자의 아이가 있는 남자와 결혼해 치매에 걸린 시할머니까지 모시고 살면서도 얼굴 한 번 찌푸려 본 적 없는 가정주부다. 이 드라마의 제목은 작가가 원했건 원하지 않았건 시청자들에게 잘못된 고정 관념을 심어 주기 쉽다. 자기주장을 하는 적극적인 성격의 여자, 직업을 가진 여자는 '나쁜 여자'이고, 수동적이고 잘 참는 성격을 가진 가정주부는 '착한 여자'라는 생각이 그것이다. 〈나쁜 여자, 착한 여자〉

라는 드라마의 제목을 그 내용에 비추어 보면, 여자는 집안 살림을 해야지 '착한 여자'이며, 집안 살림을 하지 않고 직업을 가진 여자는 '나쁜 여자'라는 전근대적인 성적 편견이 도출된다.

　여행에도 '착한'이라는 형용사를 붙인다. 여행지의 환경을 파괴하지 않고, 그들의 삶과 문화를 존중하며, 여행에서 사용한 돈이 기업이 아니라 현지인들의 삶에 보탬을 줄 수 있어야 한다는 생각에서 생겨난 것이 '착한 여행'이다.

　'착한 초콜릿'과 '착한 커피'란 개념도 등장했다. 전 세계 카카오 생산량의 40퍼센트를 차지하는 코트디부아르에 사는 소년들은 아침 7시부터 오후 4시까지 카카오 농사일을 돕는다. 그들은 여섯 살만 되면 카카오 농사를 짓기 시작하는데, 한창 공부해야 할 나이에도 농사일을 돕는다. 더구나 가난 때문에 카카오로 만든 초콜릿을 먹어 본 적도 없다. 중개상들은 그들이 땀 흘려 재배한 카카오를 1킬로그램당 약 1,800원 정도에 사들여 카카오 수출 회사에 넘기고, 수출 회사는 1킬로그램당 5,600원 정도에 카카오를 판다. 이런 카카오를 사들인 다국적 식품 기업들은 카카오를 가공하여 초콜릿을 만들어 소비자들에게 판매한다. 이때 카카오 생산자들의 수익이 초콜릿 가격의 5퍼센트라면, 초콜릿 회사와 무역 조직이 얻는 수익은 그 14배인 70퍼센트에 이른다고 한다.

　경제적으로 소외받고 있는 저개발국 사람들의 경제적 자립을 도와주는 것을 목표로 하는 새로운 방식의 무역이 바로 '공정 무역'이다.

공정 무역은 저개발국 생산자에게 정당한 가격을 주고 구매한 제품을 선진국 소비자가 구입하도록 유도하는 윤리적 운동이다. 그렇게 되면 생산지 농민들의 이익이 보장되기 때문에 초콜릿이나 커피 가격이 다소 오를 수 있다. 바로 그 오른 가격이 '착한 커피'의 가격이고, 그때의 가격이 '착한 가격'이고, 비싼 가격을 지불하면서까지 그것을 소비하는 사람들이 '착한 소비자'다.

'아름다운 가게'의 '아름다운 커피'는 공정 무역의 대표적인 사례다. 중간 도매상을 거치지 않고 네팔 농부들에게서 직접 커피를 수입하는 아름다운 가게는 네팔 농부들의 노동에 대한 정당한 대가로 400루피를 지불한다. 이 금액은 네팔 도매상이 수출하는 가격이다. 한국에서 네팔의 커피가 팔리든 안 팔리든 아름다운 가게에서는 이 가격을 지불한다. 또 아름다운 가게에서는 네팔에서 가장 못사는 지역을 찾아 농가 한 가구당 커피나무 묘목 50그루씩을 나누어 주어 재배하게 하고, 커피 조합을 조직, 협동 방식으로 함께 일하게 하여 그것을 판매한다. 판매 이익금은 생산 지역의 청소년 장학금 등으로 사용한다고 하니 이런 커피를 '착한 커피'라고 부르는 것은 이상한 일이 아니다.

그러나 '착한'이라는 형용사가 쓰여야 할 때와 쓰이면 안 될 때를 가리지 않고 아무렇게나 쓰는 것은 옳은 일이 아니다. 가령 기업이 자신들의 상품을 홍보할 때, 지구의 환경을 생각하고 소비자들의 이익을 위해 디자인했다고 강조하면서 '착한 디자인'이라고 말하는 것은 바람직하지 않다. 왜 그럴까? '착하다'는 평가는 평가를 받는 대상 스스로가 하는 것이 아니라 상품을 소비하는 소비자가 하는 것이기 때문이다. 사람의 몸매에 '착한'이라는 형용사를 가져다 붙이는 것도 문제지만 자신들이 생산한 상품에 '착한'이라는 이름을 붙이는 것도 온당하지 않다. 상품의 착함 여부는 소비자가 결정하고 판단할 일이지 생산자 스스로가 떠벌릴 성질의 것이 아니다.

● 착한 여행

'착한 여행'은 '공정 여행'이라고도 한다. 착한 여행은 여행에서의 책임 의식을 강조하는 새로운 여행 문화다. 현지의 전통과 문화, 자연을 존중하고 체험하면서 쓰는 경비가 지역 주민들의 삶에 보탬이 되는 여행 형태를 말한다. 여행객이 여행지에서 쓰는 돈 중 70~85퍼센트는 외국인 소유의 호텔이나 관광 관련 회사들에 의해 해외로 빠져나가고, 현지인들에게 돌아가는 돈은 1~2퍼센트뿐이다. 따라서 여행하는 지역의 경제에 도움이 되는 여행을 하려면, 가급적 여행 지역 주민이 운영하는 숙소와 음식점을 이용하는 것이 좋다. 또, 재래시장을 이용하는 것도 바람직하다. 여행지에서 생산된 상품을 구매하는 것도 한 방법이다.

'정치적 올바름'도 지나치면 병이 된다

해리 리드 미국 민주당 상원 의원이 2008년 대선 과정에서 '니그로 negro'라는 표현을 썼다. 그는 대통령 후보 결정을 위한 민주당 경선에 나선 오바마에 대해 "미국은 흑인 대통령을 받아들일 준비가 돼 있다."면서 "오바마는 피부색이 덜 검고 니그로 방언을 사용하지 않는다."라고 언급했다.

니그로는 과거 노예 제도가 성행하던 시절, 흑인 노예를 비하해 부르던 말이었다. 이로 본다면 미국의 흑인들이 해리 리드의 발언에 촉각을 곤두세웠던 것도 당연한 일이다.

미국에서는 '흑인 black'을 공식적으로는 '아프리카계 미국인 African American'이라고 부른다. 니그로라는 말에 담겨 있는 부정적인 느낌을 대체하기 위해서다. 이렇게 언어를 바꿈으로써 과거에 소외되었던 사람들의 인권을 회복하자는 것이 이른바 '정치적 올바름 political correctness'이다.

상습 정체 구역, 즉
자주 막히는 곳에서는
운전자들이 스트레스를
받기 쉽거든요.
그분들의 스트레스를
해소시켜 드리기 위해
저희 아버지는 오징어를
파셔요.

미국의 교과서에서는 65세 이상의 노인에 대해 언급할 때 안락의 자에 앉아 옛날을 회상하는 모습은 피한다. 노인들이 옛날이나 떠올리는 무기력한 존재라는 부정적 인상을 심어 주는 것은 바람직하지 않다는 판단에서다. 노인에 대해 '외로운/병든/완고한' 등의 표현을 쓰는 것을 금지하는 것도 같은 이유 때문이다.

한번은 TV에 출연한 한 여성이 키가 180센티미터가 안 되는 남자들을 '패배한 남자'를 뜻하는 '루저남'으로 표현해 문제가 된 적이 있다. 바로 이런 발언이 정치적으로 올바르지 못한 발언이다. 정치적으로 올바르지 못한 발언은 한 개인과 집단의 자존심에 상처를 준다.

한국어에서 '보험 외판원'이 '보험 설계사'나 '생활 설계사'로, '파출부'가 '가사 도우미'로, '청소부'가 '환경 미화원'으로, '때밀이'가 '목욕 관리사'로, '간호원'이 '간호사'로, '광부'가 '광원'으로 바뀐 것도 정치적 올바름을 확보하기 위한 배려라고 볼 수 있다. '수위'는 '경비원', '우체부'는 '우편집배원', '택시 운전수'는 '택시 운전사', '소방수'는 '소방관'으로 쓰는 것도 정치적 올바름을 위한 노력이라고 하겠다.

이름이란 특정한 대상을 가리키는 하나의 '자의적'인 기호에 불과하다. 불을 끄는 직업을 가진 사람을 지칭하는 데에 반드시 '소방관'이라는 말을 써야 할 필요는 없다. 그러나 '아' 다르고 '어' 다른 것이 또한 말이다. "말 한마디에 눈물 난다."라는 말도 있지 않은가. 똑같은 말도 어떻게 쓰느냐에 따라 듣는 사람의 기분이 좌우될 수 있는 법이다.

여성을 '주부'라고 표현하면 왠지 '집안일만 하는 여자'라는 느낌을 줄 수 있다. 그런 부정적인 느낌을 주지 않기 위해서 미국에서는 특별한 이유 없이 '여성'을 '주부'라고 표현해서는 안 된다.

'귀머거리'는 '청각 장애인', '벙어리'는 '언어 장애인', '절름발이'는 '지체 장애인', '장님'은 '시각 장애인'으로 표현하는 것이 장애인에 대해 정치적으로 올바른 태도다. '벙어리 냉가슴 앓듯'이나 '눈뜬 장님'이라는 표현도 가급적 피해야 한다.

그러나 문제는 간단하지 않다. 나도향의 소설 <벙어리 삼룡이>는 어쩔 것인가? 우리 문학의 고전을, 정치적으로 올바르지 못한 용어가 사용되었다고 해서 학생들에게 가르쳐서는 안 된단 말인가? '벙어리장갑'이라는 단어도 사용해서는 안 된단 말인가?

≪허클베리 핀의 모험≫에서 마크 트웨인이 흑인을 비하하는 'nigger'라는 표현을 썼다고 해서 이 책이 한동안 금서 목록에 올랐고, 이 작품이 '인종 차별적 쓰레기'라는 평가를 받았던 적도 있었다고 한다. 심하지 않은가?

서정주의 시 <문둥이>의 전문을 보자.

해와 하늘빛이

문둥이는 서러워

보리밭에 달 뜨면

애기 하나 먹고

꽃처럼 붉은 울음을 밤새 울었다

이 시에서 '문둥이'가 정치적으로 올바르지 못한 용어라고 해서 이를 '한센병 환자'로 대체할 수는 없다. 그리고 '문둥이'라는 단어를 사용했다고 해서 작품의 가치가 떨어지는 것도 아니다.

판소리 <춘향가>에는 온갖 욕설이 난무한다. <흥부가>도 마찬가지다. <가루지기타령>은 비속어로 범벅을 했다고 해도 과언이 아니다. 그러나 비속어와 욕설 때문에 작품의 가치가 떨어지지 않는다. 오히려 그 반대다. 욕설과 비속어 때문에 우리는 그 작품들이 만들어질 당시의 민중들의 진솔한 생활 감정을 엿볼 수가 있다.

'장애인'으로 표현해야 할 곳에서 '불구자'라고 표현하는 것은 정치적으로 옳은 행위가 아니다. 그러나 그것을 기계적으로 적용해서 우리의 일상생활에서 '정치적인 올바름'을 100퍼센트 실현해야 한다는 생각은 무서운 발상이다. 정치적으로 올바름을 추구하는 일은 나쁘지 않지만 무엇이든 지나치면 병이 되는 법이다.

- 국세청이 '벙어리 냉가슴'을 앓고 있다 (ㅅ신문 2008. 07. 25.)
- 위기 대응 과정은 '장님 코끼리 만지기' 식이어서 (ㄴ신문 2008. 07. 18.)
- '절름발이 내각'으로 정권을 시작할 수밖에 없는 (ㄷ일보 2008. 02. 15.)

국립국어원이 펴낸 ≪이런 말에 그런 뜻이?≫에서 부적절한 용어 사용으로 문제 삼은 신문 기사의 제목들이다. 여기서 '벙어리 냉가슴 앓듯'을 '언어 장애인 냉가슴 앓듯'으로, '장님 코끼리 만지기'를 '시각 장애인 코끼리 만지기'로, '절름발이 내각'을 '지체 장애인 내각'으로 바꿀 수는 없는 노릇이다. 정치적 올바름이란 이유로 표현을 바꾸다 보면 말이 가지고 있는 본래의 어감이 사라져 버린다. 마땅한 대안이 없을까? 같은 책에서 위의 기사 제목은 아래처럼 고치는 것이 좋겠다고 제시했다.

→ 국세청이 말 못 할 고민에 빠졌다.
→ 위기 대응 과정은 주먹구구식이어서
→ 엉성한 내각으로 정권을 시작할 수밖에 없는

장애와 관련이 있는 표현을 쓰지 않으면서도 충분히 뜻을 전달하고 있다. 이처럼 불필요한 용어를 다른 말로 대치 가능한 경우에는 '정치적 올바름'을 실천하는 것이 바람직하다.

살색 크레파스는 억울하다

2008년, 영국의 교육 기술원은 동화 ≪아기 돼지 삼 형제≫를 두고 아이들이 읽을 만한 책이 아니라는 평가를 내렸다. '돼지'를 기피 동물로 여기는 이슬람교도에게 불쾌함을 줄 수 있다고 판단했기 때문

이다. 비슷한 이유로 영국의 한 초등학교 학예회에서 <아기 돼지 삼 형제>의 주인공을 '돼지'에서 '강아지'로 바꾸려던 일도 있었다. 2010년, 대만에서는 이슬람교를 믿는 인도네시아 노동자들이 자신들에게 돼지고기를 먹으라고 강요하지 말라며 시위를 벌였다. 이들이 시위를 벌인 이유 역시 이슬람교에서는 돼지고기를 금지하고 있기 때문이다.

민주주의의 특징 중 하나는 '다수결의 원칙'이다. 모든 사람이 같은 생각, 같은 결정을 내릴 수는 없으므로 그 대안으로 여러 사람이 택한 길을 가자는 의미다. 이때 중요한 것은 소수의 생각도 존중하는 일이다. 어떤 사람에게는 월드컵이 축제의 장이지만, 어떤 사람에게는 응원 열기가 단순한 소음일 수 있다. 그런 사람에게 "왜 너는 거리 응원에 나오지 않느냐?"라고 비난할 수 없다. 앞에서 소개한 세 개의 사례도 소수자와 약자에 대한 배려가 중요함을 일깨운다.

그런데 앞의 주장처럼 이슬람교도들을 배려해 '돼지'가 나오는 모든 책을 세상에서 없앤다면 어떨까? 돼지고기를 재료로 만드는 음식을 모두 없앤다면 또 어떨까? 누구도 이런 결정에 찬성하지 않을 것이다. 소수 의견도 존중해야 함은 두말할 필요가 없지만, '과도한 배려'는 오히려 '새로운 불평등'을 만들 수 있다. 영국의 '돼지 소동'에 대해 모슬렘 측은 "우리는 ≪아기 돼지 삼 형제≫를 불쾌하게 여기지 않는다."라는 입장을 표명했다. 이 말은 소수자에 관계된 사안에 어떻게 대처해야 하는지를 알려 주는 훌륭한 열쇠다.

2002년, 우리나라의 '국가 인권 위원회'는 크레파스나 물감 등에서 '살색'이라는 용어를 쓰는 것은 평등권을 침해한 것이라며 '기술 표준원'에 명칭을 개정하도록 권고했다. 많은 사람들이 '살색'이라는 표현에 문제가 있다고 제기한 의견을 받아들인 것이다. 이후 '살색'은 '살구색'으로 이름이 바뀌었고, 언론 매체도 '살색'이라는 말을 쓰지 않겠다며 동참 의사를 밝혔다. 분명 옳은 결정이었지만 여기에는 함정이 있다. 과연 '살색'이라는 말에는 다른 피부색을 가진 사람을 차별하는 의식이 들어 있는 것일까?

혹인들이 많이 살고 있는 아프리카의 크레파스 공장에서는 검정색에 자신들의 피부색을 따 '살색'이라는 이름을 붙일 수 있다. 남아프리카 공화국처럼 백인들도 사는 곳에서는 흰색에도 '살색'이라는 이름을 붙일 수 있다. 이렇게 하지 않는 것은 흑인과 백인이 어울려 사는 곳에서 '두 개의 살색'은 혼란을 일으키고, 표준화가 되지 않기 때문이다. 이때 나의 피부색은 검지도 희지도 않으니 차별을 받는 것일까?

여기서 주목해야 하는 점은 '살색'의 정체다. '살색'이란 색은 분명 인간의 다양한 피부색을 표현하기에 적합하지 않다. 또한 같은 인종이라고 해도 저마다 피부색의 명도와 채도가 다르다. 하지만 이때의 '다름'은 그 사람의 인격이나 정체성이 아니라 단지 색을 표현하는 CMYK 값의 차이일 뿐이다.

'살색'은 미술의 표준화 관점에서 잘못된 것으로 보아야지, 평등권의 문제로 확대하는 것은 또 다른 편견을 낳는다. 그건 마치 이슬람교도들을 위해 '돼지'가 등장하는 책을 읽지 말라고 한 영국 교육 기술

원의 '과도한 배려'처럼 단편적이다. 이는 단순히 '문화 죄의식'일 수도 있다. 돼지를 금기로 여기는 문화가 있는가 하면, 반대쪽에선 돼지를 좋아하는 문화도 있다. 돈가스와 삼겹살이 없는 세상을 어떻게 상상할 수 있겠는가? 문화에 대해 죄의식을 갖는 것은 옳지 않다.

그렇다고 해서 '살색'이란 용어를 되살려 쓰자고 주장하는 것이 아니다. '살색'이란 말 속에 숨은 편견을 부정하자는 것도 아니다. 단지 관점의 차이를 말하고 싶은 것이다. 만약 '살색'에 차별의 요소가 있다면 사람은 피부색에 따라 차별을 받을 수도 있다는 반대의 논리가 성립하고 만다. 단지 피부색 중 하나일 뿐인 '살색'에 편견이라는 족쇄를 채우는 순간, 오히려 차별 의식이 생기고 마는 것이다.

'살색'을 위해 변명하자면, '살색' 자체에는 많은 사람들이 한목소리로 주장하는 것과 달리 다른 피부색을 배척하는 의식이 없다. '살색'은 단지 겉으로 드러난 피부를 관찰하여 포괄적 의미로 붙인 '명칭'에 불과하다. '살색'은 억울한 것이다. 오히려 '살색＝차별'이라는 공식에서 집단주의의 전횡을 읽을 수 있다.

제139회 브리티시 오픈 4라운드 때 백인 우스트히즌은 합계 16언더파로 우승했다. 그때 그의 캐디인 흑인 라세고는 이렇게 말했다.

"우리는 서로를 색깔이 아니라 인간으로 본다."

만약 '살색'에 편견이 있다면 '흑인'이란 표현도, '백인'이란 표현도 문제가 된다. 하지만 흑인을 두고 흑인이라고 하는 것이, 백인을 두고 백인이라고 하는 것이 왜 문제인가? 그렇다면 남자와 여자도 성을 구분해 불러서는 안 된다. 그냥 사람이라고 해야 옳다.

가상 재판을 열어 보자. 원고는 '건축업자'이고, 피고는 '아기 돼지 삼 형제' 중 첫째와 둘째다. 건축업자가 아기 돼지 삼 형제를 고소한 이유는 다음과 같다.

"아기 돼지 첫째와 둘째는 허술하게 집을 지어, 마치 우리 건축업자들이 아무렇게나 집을 지을지도 모른다는 생각을 사람들에게 심어 주었습니다. 이 때문에 영업에 차질을 빚고 정신적으로도 피해를 입었으니 보상해 주기 바랍니다."

여러분이 배심원이라면 어떤 생각이 들까? 늑대가 입으로 분 바람에도 부서질 정도로 허약한 집을 지은 돼지의 잘못일까? 아니면 현상에 집착해 본질을 왜곡하는 건축업자의 과도한 고발 의식일까?

아기 돼지 삼 형제는 각자의 능력이나 상황에 맞게 자신이 살 집을 지었다. 그것을 부순 것은 늑대이지 아기 돼지의 잘못된 건축술이나 의식이 아니다. 첫째가 지푸라기로 만든 집이나, 둘째가 나뭇가지로 만든 집은 셋째의 튼튼한 벽돌집만큼이나 독특한 특성과 정체성을 갖고 있다.

'언어'라는 집도 마찬가지다. 똑같은 목소리 안에 숨은 '획일화의 늑대'가 어떤 바람을 일으켜 '생각의 집'을 부수고 있는 것은 아닌지 고민해야 한다. 하나의 구호 아래, 하나의 길로 달려가는 언어의 집단성은 무섭다.

우리의 피부색은 과연 '살색'일까요?
까만 얼굴을 가진 친구도 있고,
하얀 얼굴을 가진 친구도 있어요.
우리의 살색만이 살색이 아니에요.

이 어린이뿐만 아니라, 많은 아이들이 거의 비슷한 내용의 그림을 그렸다. '살색 크레파스'를 향한 날카롭고 명철한 지적은 분명 합당했으며, 교육적인 측면에서도 '차별 반대', '의식 전환'을 일으켰고, 한편으로는 눈부신 성과도 있었다. 하지만 이제는 오히려 공장에서 찍어 낸 듯 똑같은 생각을 주입하는 결과를 빚고 있다. 생각의 획일화는 차별보다 더 큰 위험을 낳을지도 모른다.

미인은
아름다운 사람이 아니다

'미남(美男)'은 말 그대로 아름다운 남자를 가리키고, '미녀(美女)'는 아름다운 여자를 가리킨다. 그렇다면 '미인(美人)'은 아름다운 사람을 가리키는 뜻이 되어야 마땅하지 않은가. 그러나 '미인'은 아름다운 여자에 한정해 쓴다. 대체 왜 이런 변화가 생겨난 것일까? 거기에는 '아름다움'이 여성들이 추구해야 할 가치라는 사람들의 생각이 반영되어 있다고 볼 수 있다. 외적인 아름다움은 남자들이 추구해야할 가치가 아니라는 것이다.

그렇다면 남자들이 추구해야 할 가치는 무엇인가? '수신제가치국평천하(修身齊家治國平天下)'가 남자들이 추구해야 할 가치였다. 제몸을 닦고, 가정을 추스르며, 나아가 나라를 다스려, 궁극적으로 세계를 평화롭게 하는 일, 그런 거창한 일이 남자들의 할 일이었다.

그렇다면 여자는? 집안일이나 돌보라는 것이 우리네 조상님들의 생각이었다. 물론 모든 조상님들이 그런 생각을 가졌던 것은 아니겠지만 대체적으로 세상을 다스리는 일은 남자들의 일이었고 여자들의 일은 집안일이라는 것이 우리 조상님네들의 일반적인 생각이었던 것만은 사실인 듯하다.

고등학교 때 나의 은사님은 이렇게 말씀하셨다.

"'계집'의 원형은 '겨집*'이다. 이 '겨집'은 '있다'의 뜻을 가진 '겨시다'의 어간의 일부인 '겨'와 '집[家]'이 합성된 형태라고 볼 수 있다. 이렇게 어원적으로 볼 때 여자는 집에 있어야 할 존재라는 것이다. '암탉이 울면 집안이 망한다.'라는 속담이 있다. 여자는 집에 있어야 마땅하지 여자가 밖으로 돌면 집안이 엉망이 된다. 너희들도 이 사실을 명심하라."

내가 고등학교를 다니던, 1970년대만 해도 남자들에 비해 여자들의 대학 입학률이 현저하게 낮았다. 여자들은 집안일이나 해야지 대

---

* '겨집'의 어원을 '겨시다'의 어간의 일부인 '겨'와 '집'이 합성된 형태라고 보는 견해는 그다지 설득력이 없다.

학에 갈 필요가 없다는 것이 소위 '꽉 막힌' 부모들의 생각이었다. 그러나 오늘날은 어떤가? 2010년 한 대학교의 법학 대학원의 전체 합격자 120명 중 65명이 여학생이었다고 하니 이제 여자는 집안일이나 시켜야 한다는 생각을 가진 부모들은 없다고 봐도 좋을 듯하다.

어쨌든 남성의 영역은 지식이나 학문과 같은 이성적이고 관념적인 영역이고, 여성의 영역은 애 낳고 빨래하고 바느질하고 물을 긷는, 구체적이고 실제적인 영역이라는 것이 남성과 여성을 바라보는 우리네 조상들의 전통적인 성 관념이었다고 볼 수 있다. '부엌일을 하는 여자'라는 뜻을 가진 '부엌데기'라는 어휘 속에 이런 성 관념이 잘 드러나 있다. 여자가 있어야 할 곳은 음식을 만드는 부엌이라는 것이 '부엌데기'라는 어휘 속에 담긴 성 관념이다. 지금은 여성이 한 정당의 대표이기도 한 세상이니 세월의 격차를 새삼 느끼게 된다.

지금도 남자 중학교는 그저 '중학교'로 표현하지만 여자들이 다니는 중학교를 뜻할 때는 '여자 중학교'라고 표기한다. 여기에도 교묘한 성차별의 심리가 담겨 있다고 볼 수 있다. 남자들은 당연히 학교를 다녀야 하는 존재이므로 굳이 남자 중학교라고 밝힐 필요가 없다. 그러나 여자들은 학교를 다니는 것이 선택적이었던 시절이 있었으므로, '여자 중학교'라고 밝혀야만 그 학교의 정체성을 알 수 있다는 것이 중학교 명칭을 둘러싸고 있는 그 시대의 심리 구조다.

마찬가지로 남성 작가는 그냥 작가로 부르는데 여성 작가는 여류 작가로 부른다. 이 또한 글쓰기와 같이 고상한 일은 남자들의 몫이어야 한다는 고루한 성 관념이 반영된 호칭이라고 볼 수 있다. 교수하면 우리는 남자 교수를 떠올린다. 왜냐하면 여자 교수는 '여교수'라고 부르기 때문이다. '여교수'라는 말에도 교수는 남성들의 몫이라는 성 관념이 배어 있다고 할 수 있다.

요즘은 극히 일부 사람들을 제외하고는 이런 '꽉 막힌' 성 관념을 가진 사람들은 없다. 시대가 많이 바뀌었기 때문이다. 그러나 시대가 바뀌고 사람들의 생각이 바뀌어도 언어는 잘 바뀌지 않는다. 바로 이런 것이 언어의 보수성이다. 우리가 언어를 잘 만들고, 잘 다듬고, 잘 가꾸어야 하는 것도 그 때문이다.

● 차별 없는 언어

2007년, 국립 국어원은 한국 여성 정책 연구원에 의뢰해 대중 매체에 나타난 성차별적 언어 표현 5,087개를 조사해 발표한 바 있다. 이에 따르면 '형제애'나 '효자 상품'도 문제가 될 수 있다. 왜 '자매애'나 '효녀 상품'은 없느냐는 항변은 충분히 의미 있다. 5,087개 표현 중에는 '선남선녀'나 '1남 2녀', '장인 장모' 등 양성을 함께 지시할 때 남성을 먼저 앞세우는 경우가 1,677개로 가장 많았다.

국립 국어원은 성차별적 언어 표현의 대안으로 '미망인'은 '고(故) 아무개의 부인'으로, '레이싱 걸'은 '레이싱 모델'이나 '경주 도우미'로, '처녀작'은 '첫 작품'으로, '집사람'이나 '바깥양반'은 '배우자'로 바꿔 쓸 것을 제안했다.

말에도 장유유서가 있을까?

1895년 2월, 고종은 국민을 상대로 새로운 교육의 필요성과 중요성을 강조한 〈교육입국 조서〉를 공포하였다. 이는 근대적 교육 이념을 설파한 우리나라 최초의 교육 헌장이라고 할 수 있다. 이 조서에서 고종은 "이제 짐이 교육의 강령을 보이노니 헛이름을 물리치고 실용을 취할지어다."라고 말하면서 먼저 덕을 기르고, 다음은 몸을 기르고, 그 후에 지를 기르라고 하였다. 이것을 하나의 낱말로 바꾸면 '덕체지(德體智)'가 된다.

여기서 고종의 생각을 읽을 수 있다. 사람에게는 '덕'이 가장 우선이고, 다음이 '몸'을 기르는 것이며, 그다음이 '지혜'를 쌓는 일이라고 본 것이다. 그런데 요즘 교육 용어에서는 이 순서, 즉 '덕체지'가 '지덕체'로 바뀌었다. 지식을 우선 강조하고 몸을 기르는 일은 나중으로 미룬 것이다. 그래서 체육 시간에 체육 대신 영어 수업을 하는 학교가 등장한 것인지도 모른다.

'한일 회담', '한중 수교', '한미 친선' 같은 말에서 보듯 동등한 대상을 열거할 때 보통 앞의 말에 중심이 놓인다. 이것은 우리 입장에서 한국이라는 나라가 일본·중국·미국보다 더 중요함을 나타낸다. 이런 예는 많이 있다. 고려 대학교와 연세 대학교의 정기 친선 경기 대회를 고려 대학교 학생은 '고연전'이라고 부르고, 연세 대학교 학생은 '연고전'이라고 부른다. 이 역시 자신의 학교를 앞세우려는 생각이 담겨 있다.

이런 차별화는 남자와 여자의 관계에서도 드러난다. '남녀공학', '선남선녀'에서 먼저 나오는 것은 남자다. 영어에서도 'boys and girls'라고 하거나 'nice-looking men and women'이라고 한다. 용례야 어떠하든 남자가 먼저 등장하는 것이다. 이런 말 속에는 남성 중심의 가치관이 숨어 있다. 반면 '엄마, 아빠'나 'ladies and gentlemen'처럼 여성이 먼저 등장하는 경우도 있다. '엄마, 아빠'의 경우는 가족 정서를 무의식적으로 반영한 것이고, 'ladies and gentlemen'은 서구 사회의 의식 중 한 부분이 드러난 결과다.

이런 상대적인 예가 있는 것을 보면 남녀 관계에 있어서 앞에 나오는 대상이 반드시 우월한 지위를 갖는 것은 아닐 수도 있다. 하지만 남자가 앞에 오는 말이 처음 생겨났을 때는 남존여비의 의식이 배어 있었음을 무시하기 힘들다. 그렇다면 말의 순서를 바꾸는 것은 어떨까? '남녀 관계'는 '여남 관계'로, '남녀 공학'은 '여남 공학'으로 바꿔 보는 것이다. 이때는 말의 순서가 대상의 우월 관계를 정한다는 논리에 따라 상대적으로 남자를 차별하게 된다. 결국 남성과 여성을 같이

나열하여 통칭할 때 어느 한쪽을 먼저 부르는 것은 어떠한 상황 속에서도 불평등을 낳는다.

이때 우리가 생각해 볼 문제가 있다. 분명히 과거에는 남성 중심적인 사고가 주를 이뤘고 그 때문에 대상을 나열하는 말 속에서 남자가 먼저 나오는 경우가 많았다. 여기서 왜 지금까지도 항상 남자가 먼저 나와야 하느냐고 따지는 것은 그 반대의 경우 역시 불평등하다는 조건 때문에 논리적으로 모순에 빠질 수밖에 없다. 또 여성을 먼저 나타내는 말이 통용되고 있다는 점에서 완벽한 주장이 될 수도 없다. 말은 분명히 생각을 반영하는 것이지만 어느 정도 굳어져 쓰이는 것은 그대로 인정할 수 있는 배포도 필요한 것이 아닐까?

어떤 대상을 나열하는 단어에서 먼저 나오는 것이 우월하기 때문에 남녀 차별이라고 주장하는 것은 이미 두 대상이 평등하지 않다는 것을 전제로 하는 것이므로 문제가 된다. 이제는 그런 대립적인 요소를 빼고, 지금까지 우리가 써 왔던 언어의 습관이라고 인정하면 어떨까? 이런 반문이 여전히 기존의 남성 중심 사고방식을 지키려는 편견이라고 한다면, 여성을 먼저 내세우고, 그런 조어법에는 차별 의식이 없다는 합의를 이루면 된다.

'남녀 관계'를 '여남 관계'로, '남녀 공학'을 '여남 공학'으로 바꾸는 것은 언어 습관의 관점에서는 반대하는 입장이 있을 수도 있지만 의식적인 관점에서는 아무 문제가 없다. 아이들이 '엄마, 아빠'라고 말할 때 왜 엄마를 먼저 말하느냐고 따지는 아빠는 없으니까 말이다. 마찬가지로 '남녀'라는 말의 출발에는 차별이 있었지만 이제는 단지 조어의 관습일 뿐이라고 여기면 그만이다.

말의 순서 속에, 특히 여자와 남자의 관계를 나타내는 말에 있어서 대상을 차별하는 조건이 들어 있다거나, 우월함이 숨어 있다고 여긴다면 이제는 그런 의식 자체가 잘못된 것은 아닌지 생각할 때가 되었다.

● 어떤 여배우

한 여성 배우가 '여배우'란 표현에 성차별적인 요소가 있는 것은 아닌지 묻는 기자에게 이렇게 대답했다.

"나는 '여배우'란 말이 좋아요. 이건 왜 남자 배우에게는 '남배우'란 말을 쓰지 않느냐 하는 것과는 다른 문제예요. 여자만이 갖고 있는 감수성, 여성이라는 성 정체성을 '여배우'라는 말은 보여 주니까요. 여교수, 여검사 같은 말도 마찬가지죠. 이런 용어가 처음엔 차별의 요소가 있었던 것이 분명하지만, 이제는 시대가 바뀌었잖아요. 불필요하다면 불필요한 것일 테지만, 그 말을 쓴다고 해서 나 자신이 달라지는 건 아니니까요. 오히려 난 여성성의 장점을 드러내는 말이라고 생각해요. 결국 언어의 편견도, 인식의 편견도 말에 좌우되기보다는 생각의 차이라고 보는 거죠. 남자 배우에게는 붙여 주지 않는데 여자 배우에게는 하나의 훈장을 더 붙인다고 생각하면 그게 오히려 언어의 편견을 깨는 첫걸음이 아닐까요?"

이 배우의 말은 정당한가, 혹은 그렇지 않은가?

● 경찰이 피해 현장에 도착했다

제목을 읽고, 여러분의 머릿속에 최초로 떠오른 '경찰'은 남자인가, 여자인가? 이에 대한 내용은 아래 주소에서 확인하시길 바란다.
http://cozoo.blog.me/40118459096

● 버큰헤드 전통

1852년, '버큰헤드'라는 선박이 좌초 위기에 빠졌을 때 여성과 어린이를 먼저 구한 데서 나온 말이다. 타이타닉호 침몰 때도 이 전통이 이어져 '타이타닉 원칙'이라고도 한다. 이 전통은 분명 아름다운 정서이지만 한편으로는 여성을 보호받아야 하는 존재로 인식시킬 수 있다는 문제점도 안고 있다. 이런 의식이 언어의 불평등을 낳고, 성 계급을 만든다.

● 새아빠는 없다?

불과 얼마 전까지만 해도 사전에 '새엄마'라는 말은 있어도 '새아빠'라는 말은 실려 있지 않았다. 여기에는 남녀가 재혼을 하더라도 남자, 혹은 남자의 집안으로 여자가 다시 시집을 오는 것이라는 남성 중심의 사고가 숨어 있다. 최근 사전은 이런 문제점을 인식해 '새아빠/새아버지'를 싣고 있다. 다행스러운 일이다. 하지만 남녀 관계에 있어서 언어의 불평등은 여전하다. '새장가'라는 말은 있어도 '새시집'이란 말은 없고, 이미 시집갔다가 혼자가 된 여자를 낮잡아 이르는 말인 '헌계집'이란 말은 있지만, 그에 대응하는 '헌사내'란 말은 없다. 표제어의 등재 여부를 떠나 '헌계집'이란 용어 자체가 문제다.

'자율 학습'인가, '타율 학습'인가?

'자율(自律)'이란 말을 뜯어보자. '自'는 '스스로'란 뜻이고 '律'은 '법칙'이나 '법령'이란 뜻이다. 그러니까 '자율(自律)'을 글자 그대로 풀어 보자면 '스스로가 법칙이 되는' 정도의 뜻이겠다.

법, 즉 '율(律)'을 만들고 관리하는 주체는 일찍이 국가였다. 고조선에서도 '팔조법금'이란 것이 있었다. 중국 ≪한서(漢書)≫의 <지리지(地理志)>에 전하는 '팔조법금'의 조항 중 일부를 보자.

"살인자는 즉시 사형에 처한다. 남의 신체를 상해한 자는 곡물로 보상한다."

이런 규정을 지켜야 하는 데는 남녀노소 예외가 없다. 귀족이든 서민이든 이 법 앞에서는 평등하다. 물론 전근대적 국가에서는 달랐다. 권력자에게 법은 있으나 마나 한 규정이기도 했다. 만약 왕권의 계승에 관한 규칙, 즉 법을 제대로 존중했다면 단종의 숙부인 수양 대군이 조카의 왕위를 빼앗는 일은 없었을 것이다.

　법을 만드는 주체는 국가의 입법부요, 그것을 시행하는 주체는 사법부다. 그런데 누가 법을 만들고 시행하든 그것을 지켜야 할 사람은 국민들이다. 법은 국민의 재산과 생명을 지켜 주기 위해 생겨난 것이라고 하지만 그 속에 담긴 금지의 조항들로 국민의 행동을 옥죄는 것도 사실이다.

강변을 거닐어 보자. '낚시 금지/수영 금지/어로 행위 금지' 등 수많은 금지 조항들을 만날 수 있다. 이런 규제가 공공의 이익을 위한 것이라지만 어쨌든 법은 국민들의 행동을 규제한다. 이때 "내가 알아서 할 수 있는데 왜 국가가 나서서 이래라저래라 간섭한단 말인가?" 하고 불만을 터뜨리는 사람이 있을 수 있다. 내 양심과 이성이 충분히 나를 감시할 수 있는 법률이 될 수 있는데 왜 국가가 간섭하는지 불만을 가질 수 있는 사람, 바로 이런 사람이 '자율적(自律的)' 인간이다.

다시 말해 자율적 인간이란 스스로 법률이 될 수 있는 사람이다. 물론 마음만 가져서는 안 된다. 스스로의 이성과 양심이 명한 대로 행동할 수 있는 실천력 또한 가지고 있어야 한다. 봄에 물고기들이 알을 낳을 철이면 낚시를 금하고, 산에서 나무를 하는 것도 자연의 생태계가 망가지지 않을 만큼만 하면 되지 않는가. 그러나 생태계가 망가지지 않을 만큼 나무를 한다고 할 때, 대체 일주일에 몇 그루의 나무를 베어야 하는지 막막하다. 막막하다 보면 문제가 생긴다. 모든 자율적인 생각을 가진 사람들이 대충 이 정도 나무를 하면 문제가 없을 거란 생각으로 나무를 베다가는 산 전체가 황폐해지는 비극을 낳을 수 있다. '공유지의 비극'이란 이런 것이다.

학급의 청소를 '이렇게 해라, 저렇게 해라'라고 교칙을 정한 학교는 없다. 청소는 학급에서 알아서 한다. 그런데 당번을 정해 놓지 않으면 어떤 일이 생길까. 공동의 책임은 누구의 책임도 아닌 것이 되기 십상이다. 나의 잘못이 아니라 모두의 잘못이기 때문이다. 모두의 책임 속에서 나의 책임은 감쪽같이 사라진다. 이렇게 되면 학급 전체의 책임감이 사라진다. 당연히 교실은 엉망이 된다. 학생 스스로가 알아서 하면 되겠지만 결과는 늘 비극이다. 이럴 때 필요한 것이 학급 회의다. 학생들 스스로가 법률을 정하고 그것을 지키겠다고 결의해서 '자율 청소 당번' 제도를 시행하면 공유지의 비극을 막을 수 있다.

모든 학교가 '자율 학습'을 하지만 사실 그것은 '타율 학습'에 가깝다. 왜? 학생이 스스로 법률이 되지 못하고, 교사가 법률이 되어서 이래라저래라 간섭하기 때문이다. 그러나 학생들에게 너희들이 알아서 자율 학습을 하라고 한다면 과연 그 결과가 좋을까? 모르긴 몰라도 공유지의 비극이 생길 것이 분명하다.

마을의 우물물이 한정되어 있는데 가뭄이 든다면 누구라도 더 많은 양의 물을 확보하기 위해 물을 퍼갈 것이고, 우물은 이내 말라 버린다. 이것이 또한 공유지의 비극이다. 이 비극을 막기 위해서 필요한 것이 권력이다. 마을 사람들이 직접 뽑은 이장이 권력이 될 수도 있고, 국가에서 내려보낸 공무원이 권력이 될 수도 있다. 이 권력이 지켜야 할 규칙을 만들고, 그것을 지키지 않았을 때의 처벌 조항을 만들어 시행한다면 가뭄이 끝날 때까지 우물물이 마를 일은 없다.

자율 학습도 마찬가지다. 학생들이 학급 회의에서 자율 학습을 이런 식으로 하자고 결의를 하고, 담임 선생님이나 학생부 선생님과 같은 권력자가 떠드는 것을 규제하고 감독한다면 소란 때문에 자율 학습을 못 하겠다는 공유지의 비극은 생기지 않는다.

타율보다는 자율이 좋다. 남이 시키는 대로 하기보다는 내가 원해서 어떤 일을 하는 게 훨씬 떳떳하다. 그러나 내가 똑바로 생각하고,

실천할 수 있는 힘이 없을 때, 즉 자율적인 힘이 없을 때, 우리는 권력의 도움을 받아야 한다. 물론 권력자는 자신의 권리를 남용해서 자신의 친척들에게는 더 많은 우물물을 준다거나, 자신의 친구 아들이라고 해서 자율 학습 시간에 소란스럽게 떠드는 행위를 방조해서는 안 될 일이다.

● 공유지의 비극

공유지의 비극은 가렛 하딘이 주창한 개념으로 지하자원 · 초원 · 공기 · 호수에 있는 고기처럼 공동체가 사용해야 할 자원에는 국가 또는 권력의 관여가 필요하다는 주장이다. 예를 들어 어떤 마을에 양 떼를 키우는 초원이 있을 때 이를 '공유지'로 두면 관리가 되지 않아 풀이 모두 뜯어 먹혀 땅이 황폐해지고 만다. 또 공동 자원을 사적 이익을 주장하는 시장의 기능에 맡겨 두면 이를 남용하여 자원이 고갈될 위험도 있다. 이를 '공유지의 비극'이라고 한다.

● '자율형 사립고'는 올바른 말인가?

학생들이 알아서 자율 학습을 하고, 도서관도 관리하고, 누가 시켜서 하는 공부가 아니라 자기가 알아서 자기가 공부할 내용을 정하고, 공부 일정을 관리하는 자기 주도 학습을 하는 곳을 '자율형 사립고'라고 생각하면 잘못이다. 국가가 수업료를 얼마를 받아라, 학생 정원을 몇 명으로 하라, 하나하나 정해 주지 않아도 학교가 알아서 납입금을 정하고 학생에게 무엇을 가르칠지를 정하는 학교가 '자율형 사립고'다. 즉, 국가 권력 기관의 간섭 대신에 학교 경영 주체의 뜻을 최대한 반영한 학교가 '자율형 사립고'다. 학생들이나 학부모의 의지와 뜻을 최대한 반영하고, 학생들과 학부모의 자율적인 힘으로 그 의지와 뜻을 실천하는 '학생 · 학부모 중심 자율형 학교'를 기대해 본다. 그러기 위해서는 학생이나 시민 모두 더 많이 배우고, 더 많이 생각하고, 더 많은 실천의 힘을 길러야 하겠다. 자율은 누구나 할 수 있는 것이 아니다. 공동의 노력, 공동의 실천이 필요하다.

'잡문'이란 말 속에 담긴 시인들의 삐뚤어진 자부심

2009년, 한 문학잡지에서 시인들을 대상으로 "시인들의 적은 무엇인가?"라는 설문 조사를 했다. 이 질문에 한 시인은 '시 이외의 모든 일은 무조건 잡무'라고 말했다. 번잡스러운 일상의 일들이 모두 시의 적이며, 시 이외의 잡일로 바쁘다는 것은 상상하고 기발하고 엉뚱해야 하는, 문학의 시간을 훼방하는 것이라고 그 시인은 말했다. 시 쓰기만이 잡스럽지 않으며, 그 이외의 나머지 일들은 모두 잡스럽다는 말일 수도 있겠다. 그 시인의 말은 시인에게 있어서 시 쓰기란 목숨만큼 소중하다는 뜻이겠지만 시 쓰기 이외의 일들을 '잡일'로 표현한 것은 좀 지나친 것이 아닌가 하는 생각이 든다.

접두사 '잡(雜)'은 '순수하지 않고 여러 가지가 뒤섞인'이라는 뜻이다. 이 '잡'이라는 접두사는 대체로 부정적인 느낌을 만들어 낸다. '잡일'은 '여러 가지 자질구레한 일'이다. 시를 최고의 가치로 생각하는 시인에게는 집안일도 잡일이 될 수 있고, 돈을 버는 일도 잡일이 될 수 있다.

'잡일'은 피곤하고, 따분하며 즐겁지 않은 일이다. 가르치는 일은 교사에게 잡일이 아니다. 그러나 교사가 학생들의 출석부를 정리한다거나, 청소 지도를 하는 일은 잡일에 속한다. 학교가 원활하게 돌아가기 위해서는 교사들도 어쩔 수 없이 잡일을 할 수밖에 없다.

'잡'이란 접두사는 그다지 좋지 않은 인상도 풍긴다. '점잖지 못하고 잡스러운 사람'을 욕하여 이르는 말은 '잡것'이고, 정체가 불분명하고 못된 짓을 하는 온갖 귀신을 '잡귀'라고 하며, 여러 가지 쓸데없는 생각을 일러 '잡념'이라고 한다. '행실이 바르지 못한 남자'는 '잡놈'이다. '잡지'라는 말에도 이 출판물은 여러 가지 기사가 뒤섞인 책이라는, 즉 순혈이 아니라는 부정적인 느낌이 전제되어 있

다. '신문'에도 여러 가지 기사가 뒤섞여 있지만 '신문(新聞)'을 말 그대로 풀이하면 '새로운 소식'이라는 뜻을 가지고 있어서인지 '신문'이란 말은 부정적 인상을 풍기지 않는다.

일찍이 시인 김수영은 그의 산문 <이 거룩한 속물들>에서 이렇게 말한다.

"나는 지금 매문(賣文)을 하고 있다. 매문은 속물이 하는 짓이다. 속물 중에도 고급 속물이 하는 짓이다. 나뿐만 아니라 모든 매문가의 특색은 잡지나 신문에 이름이 나는 것을 좋아하고, 사진이 나는 것을 좋아하고, 라디오에 나가고, 텔레비에 나가서 이름이 팔리고, 돈도 생기고 권위도 생기는 것을 좋아한다."

신문에 글을 써서 돈을 받는 것은 글을 팔아먹는 짓이니 '매문(賣文)'이라는 것이다. 김수영의 생각에도 시는 고귀한 것이고, 번역 글이나 수필과 같은 글은 저열하다는 생각이 전제되어 있다고 할 수 있다.

그러나 여기서 우린 이런 항변을 할 수 있다. 왜 시만 최고의 글인가? 진정한 마음씨를 담고 있으면 일기와 같은 수필도 충분히 좋은 글이 될 수 있다. 아이의 분윳값을 벌기 위해, 가족의 생계를 위해 글을 쓰는 일도 충분히 가치 있는 일이다. 이름을 날리거나, 큰돈을 벌기 위해 글을 쓰는 것이라면 몰라도 가족들의 생계를 위해 글을 쓰는 가장의 노동을 비난해서는 안 된다.

시인이 시에 숭고한 가치를 매기는 일은 나쁘지 않다. 그러나 자신의 세계를 숭고하게 생각한다고 해서 타인이 소중하게 생각하고 있는 가치를 저열하게 평가하는 일은 온당한 일이 아니다. '잡문'이란 말 속에 시인들의 삐뚤어진 생각이 들어 있는 것은 아닌지 고민해야 한다. 타인에게 접두사 '잡'을 붙일 때는 과연 나는 잡스럽지 않은지 생각해 볼 일이다.

'잡'이라는 접두사에
슬퍼지는 사람들

'잡'이라는 접두사를 사용할 때는 조심할 필요가 있다는 말을 했다. 공사장에서 일하는 인부들을 두고 '잡부'라고 부르면 "누굴 허드렛일이나 하는 사람으로 아느냐?" 하는 반발을 살 수가 있다. 누군가의 말을 두고 "잡소리 하지 마라."라고 말하기 위해서는 싸움을 각오하지 않으면 안 된다. 내가 나누면 정담(情談)이고 남이 하면 잡담(雜談)이라는 생각도 실례다. 아예 어떤 사람이 나누는 이야기를 두고서 '잡음'이라고 표현하는 것은 이만저만한 오만이 아니다. 잡음은 사람이 내는 소리가 아니라 사물이 내는 소리이기 때문이다. 사람이 하는 말을 두고 잡음이라고 하는 것은 사람을 삐걱거리는 의자나 덜거덕거리는 그릇으로 생각하는 것과 별반 다를 것이 없다.

건물 출입구에는 '잡상인 출입 금지'라는 푯말이 붙기도 한다. 여러 가지 자질구레한 물건을 팔러 다니는 행상인들을 막기 위한 것이다. 한마디로 행상인들은 이 건물에 들어오지 말라는 뜻이니 행상인으로서는 푯말 앞에서 기분이 나빠진다. 누군가에게 배척당하면 기분이 좋을 리가 없다. 친구들의 생일에 나만 혼자 초대받지 못했다고 했을 때의 기분을 생각해 보면 알 것이다.

내가 믿는 신은 거룩한 신이고, 네가 믿는 신은 '잡신(雜神)'이라는 논리도 종교 전쟁을 부를 만한 일이다. 종교는 타인의 생각을 배제하는 논리에서 생긴 것이 아니다. 원수를 사랑하라지 않던가. 종교는 나와 생각이 다른 이들마저도 사랑으로 끌어안는 포용의 논리에서 비롯된 것이다.

배제의 논리가 만들어 낸 또 하나의 이름이 '잡초'다. 고추밭에서 바랭이는 잡초가 된다. 고추는 인간에게 이로운 작물이지만, 바랭이는 고추의 성장을 방해하기 때문이다. 단지 인간에게 도움이 안 된다는 이유로 바랭이는 '잡초'라는 달갑지 않은 이름을 갖게 된 것이다.

그런데 골프장의 풀밭에 고추가 있다면 어떤 대접을 받게 될까? 골프장에서 고추는 당연히 잡초의 신세로 전락한다. 인간의 주식이 되는 벼도 골프장에서는 한낱 잡초일 뿐이다. 골프장에서 필요한 것은 잔디일 뿐이지, 고추나 벼는 아니기 때문이다. 이렇게 인간은 자신에게 필요하지 않은 것에는 '잡'이라는 접두사를 붙인다. 그리고 일단 잡스러운 것으로 분류하면, 그것들을 억압하려는 행동을 개시한다. 잡초를 제거하기 위해 제초제를 뿌리는 것이 그 한 예다.

잡초에게도 자신을 변명할 기회를 줘 보는 것은 어떨까. 여기 잡초를 대신해 그들을 변호해 주는 이가 있다. 국립 대학교 철학과 교수였다가 지금은 전라남도 부안군에서 변산 공동체를 운영하고 있는 윤구병 씨가 바로 그다. 그는 애초에 잡초는 없다고 말한다. 그가 쓴 책 제목도 ≪잡초는 없다≫이다.

그는 마늘밭에 자라는 별꽃과 광대나물을 잡초라고 생각하고 모두 뽑아 버렸던 모양이다. 그런데 나중에 알고 보니 그것이 나물이요, 약초였다. 그때 그는 큰 깨달음을 얻었다고 한다. 세상에 잡초란 없다!

어떤 글을 '잡글'이라고 명명하면 글에도 위계질서가 생긴다. 내 글의 수준은 높고 네 글은 낮다는 생각이 바로 그것이다. 어떤 사람을 '잡상인'이라고 해도 마찬가지고, 어떤 사람의 말을 '잡담'이라고 해도 마찬가지다. '잡'이라는 접두사는 정말이지 조심해서 써야지 잘못 쓰면 사람을 슬프게 만든다.

● 쓸모 많은 잡초

≪대지의 수호자 잡초≫라는 책을 쓴 조셉 코케이너는 잡초가 쓸모없는 풀이 아님을 힘주어 말한다. 잡초는 표토에 결핍되어 있는 광물질을 토양 하부에서 위쪽으로 옮겨 농작물이 그들을 쉽게 이용할 수 있게 하고, 토양의 단단한 층을 부수어 농작물 뿌리가 깊은 곳에서 양분을 흡수할 수 있게 한다고 한다. 또 잡초는 깊은 곳까지 뿌리를 내리고 양분을 흡수함으로써 토양에 모세관을 만들어 주며, 빗물에 씻겨 내려가거나 바람에 날아갈지도 모르는 광물질과 영양분을 저장함으로써 다른 식물들이 그것들을 쉽게 이용할 수 있도록 토양의 상태를 유지해 준다고 말한다. 결국 잡초는 여타 식물에게 유용하고, 가축에게도 좋은 먹을거리로 이용된다는 점에서 결코 쓸모없는 존재가 아니다.

지도에는 어떤 말이
숨어 있을까?

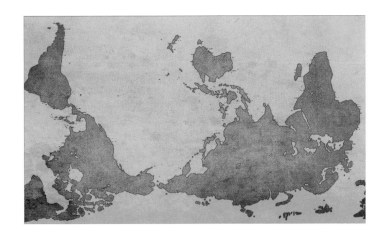

　위의 지도는 '스튜어트 맥아더'라는 사람이 만들었다. 그런데 어느 지역을 나타내는 것인지 금방 이해가 되지 않는다. 왜일까? 그건 현재 우리가 알고 있는 지도와 달리 위아래가 바뀌어 있기 때문이다. 이 지도를 만든 스튜어트 맥아더는 왜 세상을 뒤집어 놓았을까?

'북으로 간다'는 '위로 올라간다'는 말과 같고, '남으로 간다'는 '밑으로 내려간다'는 말과 같다. 하지만 이런 생각은 옳은 것일까? 지구는 둥근 구체다. 농구공을 생각해 보자. 농구공은 위와 아래의 구분이 없다. 지구도 마찬가지다.

조금 더 생각을 넓혀 우주를 상상해 보자. 그리고 내가 지구인이 아니라 먼 우주에서 지구를 방문한 외계인이라고 상상해 보자. 그런 나에게 지구에서 말하는 북쪽이나 남쪽의 개념은 중요하지 않다. 또 옳은 개념도 아니다. 지구인이 방위, 즉 동서남북을 정한 것은 그것이 진실이기 때문이 아니라, 편의에 의한 구분일 뿐이다. 그 편의가 우리의 의식을 지배해 북은 위, 남은 아래라는 인식을 만들었다. 앞의 지도는 이런 우리의 인식을 바꿔 놓았다.

흔히 우리나라를 포함한 아시아 일부를 극동이라고 부른다. 어렸을 때 왜 우리나라를 '극동(極東)'이라고 부르는지 궁금했다.

'우리의 동쪽에는 분명히 아메리카 대륙이 있는데 왜 우리가 극동일까?'

그 이유는 나중에 커서 유럽 중심의 지도를 보았을 때야 비로소 이해할 수 있었다. 우리가 흔히 보는 지도는 우리나라가 중심이고, 유럽에서 만든 지도는 유럽이 중심이었던 것이다. 결국 '극동'은 우리의 생각이 아니라 유럽인의 생각을 반영한 말이다.

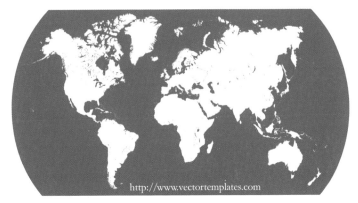

• 유럽 중심의 세계 지도

　우리가 흔히 보는 세계 지도는 메르카토르로부터 시작되었다. 네덜란드 측지학자인 그는 자기가 살고 있는 곳을 중심으로 지도를 만들었다. 그래서 유럽이 지도의 가운데에 있다. 우리나라에서 제작하는 지도는 대부분 우리나라를 중심에 놓는다. 동양이나 서양의 개념은 결국 지도를 만든 사람들의 생각에서 나온 것이다. 이 역시 생각이 만들어 낸 가상의 세계일 뿐이다.

　그런데 우리가 스튜어트 맥아더의 지도에서 정말 배워야 하는 것은 단순히 위치는 주관에 불과하다는 생각의 전환이 아니다. 이 지도를 만든 스튜어트 맥아더가 외치는 목소리 속에 숨어 있는 또 다른 권력의 간계를 알아야 한다. 그는 이렇게 말했다.

　"남반구는 더 이상 노고도 인정받지 못하고서 북반구를 어깨에 짊어진 채 비천함의 구덩이에서 허우적거리지 않을 것이다. 이제 남반구가 부상한다. 호주 만세, 세계의 지배자여!"

이 말 속에는 그동안 권력의 변방에 살았으니, 이제는 우리가 세상을 지배하겠다는 의식이 숨어 있다. 이런 자기중심적인 생각이 세계를 정복하겠다는 '나치즘'과 '파시즘'을 낳았고, '대동아 공영권'과 '동북아 공정'이라는 불손한 생각을 끌어냈다.

우리가 지구를 다른 행성과 달리, 별 '성(星)' 자를 써서 '지성'이라고 하지 않고, '지구'라고 부르는 것은 그래서 경계해야 한다. 여기에는 언젠가 만나게 될 외계인을 우리와 '다른' 생명체가 아니라 우리와 '틀린' 생명체, 그래서 '잘못'된, 혹은 '나쁜' 생명체라고 인식할 위험이 도사리고 있다.

불과 얼마 전만 해도 "가장 한국적인 것이 가장 세계적인 것이다."라는 구호가 우리의 의식을 지배했다. 그 덕분에 '한류(韓流)'라는 말도 생겼다. 하지만 한류의 성장을 기뻐하기보다는 우리가 어떤 마음으로 참다운 세계인이 될 것인지 고민해야 한다.

호랑이 담배 피턴(?) 시절

'호랑이 담배 피턴 시절'이란 말이 있다. 이때 '피턴'은 틀린 말이다. '피다'는 자동사로 '꽃봉오리 따위가 벌어지다', '연탄이 불에 타다', '얼굴색이 좋아지다', '구름이나 연기가 커지다' 등의 뜻이므로 목적어를 취할 수 없다. 대신 '피우다'를 써야 하는데 '피우다'는 '냄새나 먼지 따위를 퍼뜨리다'라는 뜻을 가진 타동사로 '재롱·바람·고집·소란·딴청·거드름'과 같은 명사와 함께 쓰인다. 따라서 담배는 '피우는' 것이지, '피는' 것이 아니다.

우리는 '호랑이 담배 피우던 시절'을 아주 오래전의 한 시기를 가리키는 말로 이해하고 있다. 우리나라에 담배가 전래된 연대와 경로에 대해서는 고정된 설이 없지만 국내 문헌에 단편적으로 나타난 기록들을 종합해 본다면, 광해군 때 일본에서 들어왔다는 것이 정설이다. 그렇다면 '호랑이 담배 피우던 시절'은 생각만큼 오래전의 일이 아님을 알 수 있다. 그런데 이 사실을 두고 '호랑이 담배 피우던 시절'

을 담배가 들어왔던 17세기로 단정하는 것은 우화를 지나치게 사실적으로 해석하는 오류라고 할 수 있다. '호랑이 담배 피우던 시절'은 하나의 관용구로서 '아주 오래전' 정도의 뜻으로 해석하는 것이 옳다.

우리는 여기서 하나의 의문을 제기할 수 있다. 왜 여우나 토끼가 담배 피우던 시절이 아니고 콕 집어서 '호랑이'가 담배 피우던 시절이라고 하느냐는 것이다.

호랑이는 용맹함을 상징하므로 남성을 대표하는 동물이고, 여우나 토끼는 간사함과 연약함을 상징하므로 여성을 대표하는 동물이라는 것이다. 그러니까 여성을 대표하는 여우나 토끼에게 담뱃대를 쥐여 주는 것은 옳지 못하다는 생각이 '호랑이 담배 피울 적'이라는 말을 낳은 것은 아닐까?

이쯤에서 두 가지의 질문이 제기될 가능성이 있다.

그 하나는 어째서 남자는 용맹함을 대표하고, 여자는 간사함과 연약함을 대표하느냐는 질문이 그것이다. 답은 이렇다. 우리 조상들이 남성이란 관념에는 용맹함이란 속성을 부여했고, 여성이란 관념에는 간사함과 연약함을 부여했기 때문이다. '마녀(魔女)'라는 단어는 있지만 '마남(魔男)'이란 단어는 없고, '악녀(惡女)'라는 단어는 있어도 '악남(惡男)'이란 단어는 없다는 사실이 이를 증명한다.

여자들로서는 억울한 일이겠지만, 실제로 전근대적 사회에서 여자들은 억울한 삶을 살 수밖에 없었던 것이 현실이다. 여자들이 더 이상 억울한 사회를 살지 않도록 만드는 것이 제도의 근대화다. 동학 혁명을 근대적 혁명으로 보는 이유 중 하나도 여성의 개가(改嫁)를 공식적으로 허용했기 때문이다. 젊어서 남편이 죽은 여자, 소위 '청상과부'도 다른 남자를 만나 자신의 행복을 꾸리게 하는 것이 옳지, 그녀에게 혼자 살 것을 강요하는 것은 잘못이다. 근대화란 이렇게 삶의 도리를 바로잡는 일이다.

또 하나의 질문은 왜 호랑이로 상징되는 남자들만 담배를 피울 수 있느냐는 질문이 그것이다. 시대가 바뀌었다고 하지만 여전히 여자들은 버젓이 담배를 피우기 힘들다. 담배는 남자들의 전유물이라는 것이 우리의 성 관념이다. 물론 남자들도 웃어른 앞에서는 담배를 피울 수가 없다. 그러나 술은 마실 수 있다. 왜 웃어른 앞에서 술은 마실 수 있지만 담배를 피울 수는 없는 걸까? 바로 담배 연기 때문이다. 술은 마시더라도 취하지만 않으면 남에게 피해를 주지 않는다. 담배는 다르다. 담배 연기는 타인에게 기침과 불쾌감을 유발한다. 그러니 웃어른 앞에서 담배를 피우는 것은 큰 결례다.

예전에 우리 어른들은 아랫사람 앞에서는 마음대로 담배를 피웠다. 아랫사람에게는 피해를 주어도 괜찮다는 삐뚤어진 권위 의식 때문이었다. 그렇다면 여성도 아랫사람 앞에서 담배를 피울 수 있었을까. 대답은 '아니요'다. 왜? 누군가에게 피해를 줄 수 있는 존재는 오직 남성뿐이어야 했으니까 말이다.

지금은 남녀를 불문하고 공공 구역에서 담배를 피우는 것이 금지되어 있다. 그러나 흡연 구역에서는 남자와 여자 모두 담배를 피울 수가 있음에도 사람들은 여전히, 여자들이 담배 피우는 것을 못마땅해한다. 왜냐고 묻는다면 이렇게 대답하는 사람들도 있다.

"흡연은 태아에게 영향을 줄 수 있으니 여자들의 흡연은 위험하다."

그럴듯한 말인 것 같지만 따지고 보면 담배는 남자에게 덜 나쁘고, 여자에게 더 나쁘다고 볼 수 없다. 나쁘다면 담배는 남녀 모두에게 똑같이 나쁘다. 미국의 환경청은 담배 연기를 발암 물질로 규정하고 있다고 하니 담배 연기는 자기 몸에도 나쁠뿐더러 남에게까지 악영향을 준다. 담배를 일종의 살인 무기로 보는 것도 과장이 아니다. 이런 나쁜 물질은 남녀 모두에게 금해야지 여자의 금연만을 유독 강조하는 것은 온당한 일이 아니다. 우화적으로 말하자면 호랑이가 담배 피우는 것도 나쁘고, 여우나 토끼가 담배 피우는 것도 나쁘다. 담배는 다 나쁘다.

정치적인 말, 사회적인 말

1 한국어에 숨어 있는 이야기

2

말에도 지느러미가 있다

3

말 속에
담긴 우리의
자화상

4

세계의 내면을 바라보는 눈

원래 쉬운 말일수록 정의하기가 어려운 법이다. '나'는 '나'일 뿐인
데 '나'를 정의해 보라는 질문을 받으면 선뜻 뭐라고 말하기 힘들다.
이런 '나'를 정의하기 위해 일생을 바친 철학자들도 있다.

사전에는 수많은 개념들이 정의되어 있다. 그러나 사전에 그 많은 개념들이 올라가기까지는 무수한 사람들의 치열한 노력이 있었음을 우리는 기억해야 한다.

'보다'라는 단어를 사전에서 찾으면 "눈으로 대상의 존재나 형태적 특징을 알다."라는 풀이가 나온다. 뜻을 알기 위한 풀이인데도 얼른 이해가 되지 않는다. 성경에는 "눈 있는 자는 보라."라는 구절이 등장한다. 사람이라면 대부분 눈이 있으니 어쩌면 당연한 이야기를 한 듯도 하다. 그러나 시력 2.0의 멀쩡한 눈이 있다고 해도 제대로 볼 수 없을 때가 많다. 왜? 볼 마음이 없기 때문이다. '눈뜬장님'이라는 말은 그런 사정을 두고 이르는 말이다. 제 아내의 진정한 아름다움을 볼 줄 모르는 남편이 눈뜬장님이겠고, 초록의 싱그러움을 간과하는 사람 또한 눈뜬장님이라고 하겠다.

눈은 무언가를 보라고 있는 것인데도 사람들은 여간해선 보려고 하지 않는다. 보려면, 먼저 보고자 하는 마음의 눈이 있어야 한다. 설령 눈이 멀었다 하더라도 마음의 눈이 있으면 볼 수 있다. 만약 심청이가 자신의 배필을 심 봉사 앞에 데려왔을 때, 심 봉사가 "내, 터억 보니 말투며 행동거지며 영 시원치 않아. 내 딸 사위로는 부족해."라고 말했다면 심봉사는 시각 장애인이긴 하지만 사람 보는 눈이 있다고 할 수 있다.

그러나 멀쩡한 눈이 있어도 분별력이 없으면 사람을 볼 줄 모른다. 사람의 됨됨이를 헤아리는 능력을 '사람을 보는 눈'이라고 한다. 유비는 제갈량의 됨됨이를 한눈에 알아봤다. 그래서 세 번이나 그를 찾아가는 삼고초려를 마다하지 않았다.

보이지 않는 것을 보는 도통한 마음의 눈을 불교에서는 '하늘눈'이라고 한다. 영산회상에서 부처는 법화경을 설하고 오래도록 입을 열지 않았다. 그러다 문득 연꽃 한 송이를 들어 보였다. 많은 제자들이 어리둥절해하고 있는데, 마하가섭만이 빙긋 웃었다. 바로 그 미소가 유명한 '염화시중(拈華示衆)의 미소'다. 눈에 보이지 않는 메시지를 간파하는 능력, 그것이 '하늘눈'이다.

하늘눈은 도통한 사람들에게만 있는 것이 아니다. 어느 날 갑자기 부모님의 깊게 팬 주름살을 보고 안타까움을 느꼈다면, 바로 그 주름살을 보는 눈이 하늘눈이다. 시한부의 삶을 살아야 하는 사람이 어느 봄날, '아, 이 경치가 내가 지구 상에서 볼 수 있는 마지막 봄의 정경이겠구나.' 하는 생각으로 봄날의 경치를 사무치는 마음으로 바라본다면, 바로 그 경치를 보는 눈이 하늘눈이다. 사람과 사물을 새롭게 보고 해석할 수 있는 능력을 가진 눈, 바로 그것이 하늘눈이다.

사람을 본다는 것은 동물원에서 사자를 보고, 호랑이를 보는 것과는 다르다. 내면을 보아야 하기 때문이다. 손해나 이익은 사업을 하는 사람이 보는 것이고, 아들을 장가보내는 부모는 며느리를 보는 것이고, 맛은 혀로 보는 것이고, 사람은 눈으로도 보고 마음으로도 보는 것이다. 겉은 눈으로 보고, 속은 마음으로 본다.

'백문불여일견(百聞不如一見)'이란 말이 있다. 한 번 보는 것이 백 번 듣는 것보다 훨씬 낫다는 뜻으로, 직접 경험해야 확실히 알 수 있다는 말이다. 그러나 제대로 보지 못하면, 백 번을 보아도 소용이 없다.

몇 해 전 남한산성 밑에 산 적이 있다. 출퇴근할 때마다 남한산을 보았을 터인데 전혀 인식하지 못하다가 어느 날 문득 산이 보이기 시작했다. 산의 굴곡과 음영이 보였다. 바람이 불었는지 미세하나마 산이 일렁이고 있다는 느낌도 받았다. 그때 이런 생각이 문득 들었다.

'매일 산을 본다고 해서 보는 게 아니로구나. 제대로 산을 보지 못하면 평생 산을 보지 못하고 살 수도 있겠구나.'

마치 시한부 삶을 앞둔 사람이 봄날의 경치를 사무친 마음으로 바라보듯, 아주 절실하게 대상을 바라보는 마음, 바로 그 마음이 예술을 낳고 시를 낳는 것이 아닐까.

보기 위해서는 육체의 눈 이외에도 또 하나의 눈이 열려야 한다. 이것은 '말의 세계'에서도 다르지 않다.

──● 염화시중의 미소

'염화시중의 미소'를 말 그대로 풀어 보자면 '꽃을 들어 대중들에게 보였을 때의 미소'라는 뜻이다. 석가모니가 영취산에서 제자들을 모아 놓고 설법하고 나서, 연꽃을 들어 보였다. 아무도 그 뜻을 알 수 없었다. 다만 가섭 존자만이 혼자 웃음으로써 알았다는 뜻을 비쳤다는 이야기가 ≪오등회원(五燈會元)≫에 나온다. '염화시중의 미소'는 말이 아니라 마음이 마음을 읽는 경지를 뜻할 때 쓰는 말이다.

인간을 사물로 취급하는 언어

철수는 실력 100점, 외모 100점, 재산 100점, 체력 100점, 인간성 빵점, 고로 평균 80점이고, 영수는 실력 80점, 외모 80점, 재산 20점, 체력 90점, 인간성 90점, 고로 평균 72점이다. 그러니까 인간 종합 평균 점수가 높은 철수에게 시집가는 게 좋겠다.

아빠, 철수는 인간성이 빵점이라면서요?

그래도 인간 종합 평균 점수가 더 높잖아!

세상에는 숫자로 나타낼 수 있는 것이 있고 그럴 수 없는 것이 있다. 우리는 온도를 숫자로 나타낼 수 있는 것이라고 생각하지만 애초에 온도는 피부로 느낄 수 있는 차거나 뜨거운 감각일 뿐이다. 압력도 마찬가지고 압력 개념에서 생긴 혈압이나 기압도 마찬가지다.

숫자로 나타낼 수 없는 것을 계량하여 숫자로 표현하는 것을 '수량화'라고 한다. 수량화 덕분에 우리는 한 달간의 전기와 가스 사용량을 알 수 있다. 그리고 수량화 덕분에 나의 혈압과 체온도 잴 수 있고, 몸무게도 잴 수 있고, 사람의 지능 지수도 알 수 있다. 점수는 나의 학습 능력을 수량화한 결과다. 이 점수에 의해 등수가 매겨지고, 이 등수에 의해 사람의 능력이 판가름된다.

그러나 수량화는 왠지 달갑지가 않다. 세상에는 수량화할 수 없는 것이 얼마든지 있기 때문이고, 그 수량화할 수 없는 것들 속에 나의 진심이 담겨 있기도 한 때문이다. 내가 얼마나 가을 하늘을 사랑하는지, 그리고 내 부모와 가족과 친구들을 얼마나 사랑하는지 어떻게 숫자로 나타낼 수 있다는 말인가. 부모님에 대한 고마움과 친구들에 대한 우정을 숫자로 나타낸다는 것은 무모한 일이다. 대체 사랑과 우정에 점수를 매기는 일이 가당키나 한 일인가.

"철수와 나와의 우정 지수는 95이고, 영수와 나와의 우정 지수는 87이니, 철수가 영수보다 우정 지수가 8만큼 좋다고 할 수 있겠어."라고 말하는 것은 친구를 잃기 딱 좋은 방법이다. 그런 식으로 말했다가는 애인도 동료도 다 잃어버릴 위험이 있다.

사물은 얼마든지 수량화가 가능하지만 인간을 수량화하는 것은 위험한 일이다. 어떤 사람의 몸무게와 지능 지수, 그가 가진 재산으로 그 사람을 판단하는 것은 사람을 인간으로 취급하는 것이 아니라 사물로 취급하는 방식이기 때문이다.

체중계에 올라갔을 때 "제법 근수가 많이 나가네!"라고 말하는 것은 사람을 짐짝으로 취급하는 것과 다르지 않다. 키가 작은 사람에게 "너는 왜 그렇게 기장이 짧아?"라고 말하는 것도 사람을 옷 같은 사물로 취급하는 것과 다르지 않다. '기장'이란 '옷의 길이'를 뜻하는 명사이기 때문이다. 키가 큰 사람을 두고 "너는 왜 그렇게 길어?"라고 말하는 것 역시 사람을 사물로 취급하는 말하기 방식이다. 길거나 짧다는 것은 사물에 쓰는 말이고, 사람에게는 크거나 작다고 말해야 하기 때문이다.

버스 운전기사가 승객들을 버스에 '태워야지', 버스에 '실으면' 승객들은 짜증이 난다. 왜? 사람을 버스에 '싣는' 운전기사는 승객을 짐짝 취급하는 것이나 마찬가지니까. 승객은 '태우는' 대상이고, 짐짝은 '싣는' 대상이기 때문이다. 사람을 '태우고' 떠나는 것은 객차지만, 짐을 '싣고' 떠나는 것은 화물차다.

물론 일상생활에서는 장난삼아 사람을 동물로 격하시킬 때가 있다. 유치원 선생님께서 "우리 꼬마 돼지 친구들이 모두 왔는지 어디 출석을 불러 볼까? 왔으면 모두 '꿀꿀' 하고 대답해 보세요!"라고 할 때, "선생님 우릴 돼지 취급하지 마셔요!"라고 볼멘소리로 답하는 친구는 없다. 그럴 때는 즐겁게 웃으며 "꿀꿀~" 하고 대답하면 그만이다.

사람을 사물로 취급하면 기분이 좋을 리 없다. 가령 20명이 타는 버스에 40명을 태우면 사람을 짐짝처럼 취급하는 것이니 누군들 기분이 좋을 수가 없다. 사물에는 감정이 없지만 사람에게는 자신의 존엄성이 무시되면 기분이 언짢아지는 감정이란 것이 있기 때문이다.

그런데 국가 기관의 명칭이 사람을 사물처럼 취급하는 것 같아 꺼림칙한 느낌이 드는 사례가 있다. 바로 '교육 인적 자원부'라는 이름이다. 1948년 건국과 함께 문화와 교육을 아우른다는 뜻으로 발족한 '문교부'가 1990년 교육 전담의 '교육부'로 개칭되었다가 다시 2001년 '교육 인적 자원부'로, 2008년 정권이 바뀌면서 교육 인적 자원부가 과학 기술부와 통합되어 그 명칭이 '교육 과학 기술부'가 되었다. 지금은 '교육 과학 기술부'이니 별문제가 없다고 할 수도 있겠지만 한때 '교육 인적 자원부'라는 이름을 썼다는 사실만으로도 큰 문제라고 할 수 있다.

'인적 자원'이라는 말은 엄격하게 말해서 사람을 경제적 관점에서 본 말이지, 사람을 인격의 관점에서 보는 말이 아니다. 사람을 경제적 관점에서 본다는 말은 사람을 석탄이나 석유와 같은 사물로 본다는 말과 다르지 않다. 사람을 경제적 관점에서 보기 시작하면 사람의 진정성은 사라지고 숫자로만 판단하는 수량적 사고가 판을 치게 된다.

프랑스의 소설가 생텍쥐페리의 ≪어린 왕자≫에 이런 구절이 나온다.

"만약 '베란다에 제라늄 화분이 놓여 있고, 지붕에는 비둘기가 살고 있는 빨간 벽돌집을 보았어요.'라고 말하면 어른들은 그 집이 어떤 집인지 상상하지 못한다. 그들에게는 '10만 프랑짜리 집을 보았어요.'라고 말해야 한다. 그러면 그들은 '아, 참 좋은 집이구나!' 하고 소리친다."

아름다움도 사랑도 우정도 숫자로 나타낼 수 있다고 생각하는 사람들은 사람을 사물로 판단하는 것이다. 숫자로 나타낼 수 없는 것, 거기에 우리의 진실이 있다.

'방'이 넘쳐 나는 세태

녀석들, 완전히 따로따로 노는구나.

□□학교수학여행

신촌의 한 라면 전문점은 누군가의 시선을 받지 않으면서도 홀로 라면을 먹을 수 있도록 칸막이를 쳐 놓았다. 일종의 '나 홀로 식당'인 셈이다. 이 같은 칸막이는 여러 곳에서 볼 수 있다. 대표적인 곳이 PC방이다. 이 칸막이는 옆 사람이 무엇을 하는지 힐끔거리지 말고 너의 일에 나 신경 쓰라는 의미를 전한다. 독서실의 칸막이도 같은 뜻이다.

"옆 사람 신경 쓰지 말고 네 공부에나 신경 써!"

칸막이는 대화를 위해 필요한 시설이 아니다. 그것은 대화를 차단하는 시설이다. 대화가 차단되면 나의 사생활이 보장된다. 사생활을 보장해 주는 칸막이 장치, 이를 '컴파트먼트compartment'라고 한다. 기차에서 칸막이를 한 객실도 컴파트먼트라고 한다. 이 안에서는 두 다리를 쭉 뻗고 늘어지게 하품을 할 수도 있고, 다리를 쫙 벌리고 앉아 있을 수도 있다. 속옷 바람으로 있어도 누가 뭐라고 비난하지 않는다. 하지만 컴파트먼트의 입구를 열어 놓았을 때는 사정이 달라진다. 컴파트먼트의 입구가 열렸다는 것은 나의 행동이 타인에게 어떤 식으로든 영향을 준다는 이야기가 되니까 말이다.

PC방처럼 옆 사람을 보려고 하면 얼마든지 볼 수 있는 칸막이 구조는 '반칸막이 구조'다. 한편 노래방은 '완전 칸막이 구조'다. 물론 조그만 유리창이 있는 곳도 있기는 하지만 대부분의 노래방은 완전히 밀폐되어 있다. DVD방도 마찬가지다. 애써서 들여다보려고 하지 않으면 그곳에서 어떤 일이 일어나는지 알 수 없다.

성인이 될수록 사람들은 누군가로부터 침해받지 않는 자신만의 공간을 갖기 원한다. '나만의 방', 그곳은 독립하고자 하는 요구가 반영된 공간이다. 이런 독립에의 요구가 강해지는 시기가 사춘기다. 가정 형편이 허락하지 않는데도 '나만의 방'을 달라고 떼를 쓰는 것도 독립하고자 하는 요구, 홀로 서고자 하는 요구가 그 어느 때보다 강해지기 때문이다. 사춘기 시절에 부모와의 대화가 뜸해지는 것도 역시 독립에의 요구가 강해지는 것과 무관하지 않다. 부모의 간섭에 "됐어요!"라고 쌜쭉하게 대꾸하는 태도 역시 이런 요구가 반영된 것이다.

사춘기가 되어 방에 대한 요구가 커지는 것은 그만큼 감추어야 할 비밀이 많이 생기기 때문이기도 하다. 예전과 같지 않은 몸도 감추어야 할 비밀이고, 들키고 싶지 않은 욕망 또한 감추고 싶은 비밀이다. 이런 비밀을 은닉하기 위해서는 무엇보다 나만의 방이 필요하다.

'다이어리'는 또 하나의 은밀한 나의 방이다. 그 다이어리를 타인이 허락도 없이 보는 것은 아주 기분 나쁜 일이다. 왜 별거 아닌 거 가지고 오버를 하느냐고 따질지 모르지만 비밀을 들킨다는 것은 몹시 기분 상하는 일이 아닐 수 없다.

노래방, DVD방 등과 같이 오늘날 상호에 '방'이란 단어가 넘쳐 나는 것도 비밀에의 욕구와 무관하지 않을 것이다. 노래방은 또래끼리, 혹은 집단끼리의 정체성을 강화하는 공간이다. 거기에는 자기들끼리의 대화는 있어도 다른 집단과의 대화는 없다. 과거 수학여행을 갈 때에는 버스나 기차 안에서 노래자랑도 하고, 장기 자랑도 했다. 그러나 요즈음의 수학여행 버스 안이나 기차 안에서는 노래자랑도 장기 자랑도 하지 않는다. 칸막이가 없는데도 말이다. 왜일까? PMP · MP3 · 핸드폰 · 스마트폰 등의 '전자 칸막이'가 대화를 차단하기 때문이다.

'전자 칸막이'는 나눔과 소통을 방해한다. 이제 이런 전자 기기만 있으면 여럿 속에서도 누구나 혼자일 수 있는 시대가 되어 버렸다. 전철 안에 앉아 있는 사람들을 보라. 자기 방에서 컴퓨터의 모니터를 들여다보듯 스마트폰을 주시하고 있지 않은가. 마치 전철 안에 수많은 칸막이 방이 들어선 느낌이다. 문명은 대화를 이끌기도 하지만 또 다른 의미에서 언어의 소멸을 가져오기도 한다.

'셈 치고'라는 말에 담긴 자기 합리화

아무래도 못 미더운 사람이 있다. 자주 식언(食言)을 하는 사람이라 믿음이 가지 않는다. 그런 사람이 돈을 빌려 달라고 하면 빌려 줘야 할지 말아야 할지 망설여진다. 그럴 때, 이성과 감성의 갈등이 시작된다.

이성은 말한다. "돈을 떼이는 것이 분명한데 뭐하러 손해 보는 일을 해. 빌려 주지 마." 한편 감성은 이렇게 말한다. "그래도 친구잖아. 친구의 어려운 처지를 모른 척해선 안 돼." 그러면 또 이성은 이렇게 말한다. "그것도 한두 번이지, 벌써 일곱 번째라고!" 이럴 때 감성이 할 말은 궁색해진다. 계속 속을 수는 없는 일이다. 그러나 답변이 궁색한 순간에도 감성에겐 할 말이 있다.

"속는 셈 치고 빌려 줘 봐."

'셈 치고'는 '꼬치꼬치 따지지 말고 미루어 가정함'이라는 뜻이다. 대충 뭉뚱그려서 생각할 때 쓰는 어휘다. 귀한 물건을 잃어버려도 도둑맞

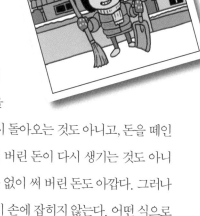

은 셈 치고, 쓰지 않아도 될
돈을 쓰면 돈을 떼인 셈이라고
치면 마음이 그나마 안정이 된다.

그러나 '셈 친다'라고 말한다
고 해서 마음이 진정으로 안정이
되는 것은 아니다. 도둑맞은 셈을
쳤다고 해서 잃어버린 물건이 다시 돌아오는 것도 아니고, 돈을 떼인
셈을 쳤다고 해서 명분도 없이 써 버린 돈이 다시 생기는 것도 아니
다. 잃어버린 물건도 아깝고, 명분 없이 써 버린 돈도 아깝다. 그러나
계속 아깝다고 생각하면 다른 일이 손에 잡히지 않는다. 어떤 식으로
든 자신을 위안할 필요가 있다. 이럴 때 '셈 치다' 식의 심리가 생기게
된다. 잃어버린 물건은 도둑맞은 것으로 치고, 명분 없이 써 버린 돈
은 떼인 셈으로 치면 그나마 안타까운 마음을 진정시킬 수 있다.

심리학에서는 이런 식의 자기 위안을 '인지 부조화(認知不調和)'

라고 한다. 사실을 있는 그대로 보지 않고 마음의 필터로 걸러서 받아들이는 현상이다. 왜 사실을 있는 그대로 받아들이기를 거부할까. 있는 그대로의 사실을 받아들이면 마음이 상처받기 때문이다. 나의 부주의로 귀한 물건을 잃어버렸다고 하면 마음이 상한다. 마찬가지로 내가 사려가 깊지 못해서 쓰지 않아도 될 곳에 돈을 썼다는 사실을 인정하면 역시 마음이 좋지 않다. 찝찝한 마음이 들면 누구나 이런 기분에서 벗어나길 원한다. 그럴 때, 쓰는 방법이 자기 합리화다. 그 물건을 도둑맞은 셈 치면, 그 물건이 나의 손에 없는 것이 나의 잘못이 아니라 도둑의 잘못으로 바뀌어 버린다. 또 그 돈을 남에게 떼인 것으로 생각하면, 그 돈이 나의 손에 없는 것이 나의 잘못이 아니라 남의 잘못이 된다. 인지 부조화는 일종의 책임 전가 현상이다. 나의 잘못을 타인에게 떠넘기는 심리다.

셈은 정확해야 한다. 판단 역시 정확해야 한다. 물건을 잃어버리게 된 원인이 나에게 있다면 그 물건을 도둑맞은 셈 쳐서는 안 된다. 자신의 잘못을 타인의 잘못으로 전가해서도 곤란하다. 나의 잘못을 인정할 때 우리는 잘못된 습관의 굴레에서 벗어날 수 있다. 그런데 이런 식의 '셈 치고'는 권장할 만하다.

엄마가 심부름을 다녀오라고 할 때, '그래, 운동하는 셈 치고 빨리 다녀오자.'라고 생각한다든가, 함박눈이 골목길에 쌓였을 때, '그래, 겨울철에 집에만 있는 건 좋지 않아. 운동하는 셈 치고 빨리 치우자.'라고 여기는 경우다. 건강한 자기 합리화는 나와 세상을 밝게 만들어 준다. 그럴 때 우리는 '셈 치다'라는 어휘를 마음껏 사용해도 좋다.

● 인지 부조화

1954년 미국 일리노이 주에서 있었던 일이다. 한 종교 집단의 신도들이 지구가 멸망하는 때에 신이 그들을 구원하러 온다는 믿음을 가지고 한곳에 모여 애타게 기도를 했다. 그들은 집도 직장도 버렸다. 그런데 예언의 시간이 지나도 아무 일이 일어나지 않았다. 그러자 교주가 말했다.

"신도들의 믿음이 강해 신이 지구를 구하기로 했노라."

신도들은 예언이 빗나간 데 대해 실망하지 않았다. 오히려 자신들이 인류를 구했다는 것을 자랑스러워했다. 그들은 지구가 망하리라는 믿음이 틀렸을 때, 즉 그들의 믿음에 모순과 부조화가 생겼을 때, 자신의 믿음을 합리화하여 모순과 부조화를 피했다. 이때 현장에 있었던 심리학자 리언 페스팅거는 이를 토대로 '인지 부조화 이론'을 주창했다. 인간은 믿음과 실제가 다를 경우 실제를 왜곡하고 믿음을 선택해 부조화를 피하는 경향이 있다는 것이다.

이런 경우는 흔히 있다. 큰돈을 주고 어떤 물건을 샀는데 막상 써 보니 물건의 질이 나쁠 수가 있다. 비싸게 산 물건은 질이 좋아야 한다는 믿음에 모순이 생길 경우, 사람들은 합리화를 통해 이 모순을 회피하려고 한다. 이런 식이다. "그래도 디자인만은 세계 최고!"라고.

'인간적'인 사람은 어떤 사람인가?

친구가 며칠 후 돈을 갚겠다고 하고 돈을 빌려 갔다. 그런데 막상 약속한 날짜가 되어도 돈을 갚지 않는다. 대체 어찌 된 거냐고 묻자 친구는 이렇게 말한다.

"인간적으로 좀 봐줘라. 내가 사정이 급하게 되었다."

원래는 돈을 갚는 것이 도리겠지만 사정이 딱하게 되었으니 친구 간의 의리를 생각해서 봐 달라는 이야기다. 이 정도는 애교로 볼 수도 있겠다. 그러나 다음 경우의 '인간적'이란 단어는 제대로 쓰이고 있다고 할 수 있을까?

"네가 누구냐? 내 사십 년 친구 아니냐? 네가 내 딱한 사정 좀 봐주라. 우리 아들 취직 말인데, 네가 경영하는 회사에 우리 아들 좀 붙여 주면 안 되겠니? 대한민국에 안 되는 게 어디 있니? 인간적으로 부탁한다. 눈 질끈 감고 좀 봐주라."

우리 회사는 공정한 선발을 통해서 신입 사원을 뽑는다고 해도 이 친구는 계속 자신의 아들을 합격시켜 달라고 떼를 쓴다. 이런 것이 소위 '청탁'이다. 이런 청탁에 쓰이는 '인간적'이란 말에는 '잘못인 것은 알지만 사람과 사람 사이의 정을 보아서'라는 의미가 담겨 있다.

'인간'은 '사람의 됨됨이' 혹은 '사람'이란 뜻을 가진 명사다. 그런데 여기에 '적(的)'이란 접미사가 붙으면 그 뜻이 대단히 모호해진다.

인간은 논리적이며 이성적인 존재다. 또한 그 어떤 동물보다 합리적인 존재이므로 어떤 면에서 '인간적'이란 말은 '합리적'이고 '논리적'이라는 뜻을 품는다고 보아야 한다. 그러나 현실에서 '인간적'이란 단어는 그 반대의 뜻으로 쓰이는 경우가 허다하다. 자신의 의무를 망각하고 나서 "인간적으로 한 번 봐 달라."라고 말할 때의 인간은 비합리적이고 비논리적일뿐더러 매우 구차하고 궁상맞다.

인간은 남의 불행에 냉담할 수 없는, 동정심을 가진 존재다. 남의 불행을 '나 몰라라' 하는 사람은 사람이 아니고 기계다. 기계는 동정심이 없다. 동네에 있는 조그만 단골 구멍가게에서라면 사정을 이야기하고 외상을 얻을 수 있지만 자동판매기에서 그런 일을 기대할 수 없다. 기계는 인간적이지 않기 때문이다. 남의 배고픔도 고통도 기계는 상관하지 않는다. 기계는 냉담할 뿐이다.

그러나 인간은 심장이 뛰고 피가 돌고 감정이 있는 존재다. 남이 웃으면 나도 즐겁고, 남이 눈물을 흘리면 나도 코끝이 찡해지는 존재가 바로 인간이다. 바늘로 찔러도 피 한 방울 나지 않을 만큼 인정이 메마른 사람을 우리는 '인간적'이라고 하지 않는다. 그러나 인정에 얽매여 원리와 원칙마저 버리는 사람을 '인간적'이라고 말해야 할지는 의문이다.

일제가 창씨개명을 강요하던 때에 만해 한용운은 자신의 딸을 학교에 보내지 않았다. 학교에 보내려면 호적이 필요했고, 호적을 만들기 위해선 창씨개명이 불가피했기 때문이다. 또 당시 한용운은 창씨개명을 한 후배들의 뺨을 호되게 내갈긴 것으로도 유명하다. 그런데 훗날 한용운이 죽었을 때, 그에게 뺨을 맞았던 후배들이 장례식장에서 가장 서럽게 울었다고 한다.

한용운, 그는 양심을 지키는 원칙적인 삶을 살았다. 그의 삶은 합리적이고 이성적이었다. 한용운의 삶은 인정보다는 원칙에 기울어졌다고 할 수 있다. 그렇다고 해서 한용운의 삶을 '인간적'이지 않다고 할 수 있을까. 한용운의 장례식장에서 서럽게 울던 후배들의 눈물은 정녕 인간다운 인간의 죽음을 슬퍼하는 눈물이 아니었을까.

'인간적으로'라는 말이 더 이상 자신의 나약함과 구차함을 표현하는 데 쓰이지 않았으면 하는 것이 아마도 한용운의 인간적인 바람이었을 것이다.

● 말의 의미

윤선도의 〈어부사시사(漁父四時詞)〉에 이런 구절이 등장한다.

"간밤의 눈 갠 후 경믈(景物)이 달란고야/이어라 이어라/압희는 만경류리(萬頃琉璃) 디희는 천텹옥산(千疊玉山)/지국총 지국총 어사와/선계(仙界)ㄴ가 블계(佛界)ㄴ가 인간이 아니로다"

현대어로 풀이하면 이렇다.

"지난밤에 눈 그친 후에 사방의 경치가 달라졌구나/노를 저어라 노를 저어라/앞에는 유리처럼 맑고 넓은 겨울 바다 뒤에는 겹겹이 쌓인 눈 덮인 산/삐그덕 삐그덕 어기여차/신선의 세계인가 부처의 세계인가 속세가 아니로다"

여기에서 '인간(人間)'의 뜻은 '사람'이 아니라 인간 세계, 즉 '속세'를 가리킨다. 단어는 항상 같은 뜻으로 쓰이는 것은 아니다.

공자는 왜 이름을 바로 세우겠다고 했을까?

약 2,500년 전, 자로(子路)가 공자(孔子)에게 물었다. "위나라 임금이 선생님께 정치를 맡기려 하는데, 선생님께서는 장차 무엇부터 하시겠습니까?" 그러자 공자는 "반드시 그 이름부터 바로 세우고 싶다."라고 답했다.

≪논어(論語)≫의 <자로(子路)> 편에 나오는 이야기다. 공자는 이 말에 뒤이어 "이름이 바르지 않으면 말에 순서가 없게 되고, 말에 순서가 없게 되면 일이 이루어지지 않는다."라는 말도 덧붙였다.

공자의 '이름을 바로 세우겠다고 함'은 과연 무슨 의미일까? 고사성어 '양두구육(羊頭狗肉)'에 얽힌 이야기를 들어 보자.

'양두구육'은 원래 '양의 머리를 걸어 놓고 개고기를 판다'라는 뜻으로 '현양두매구육(懸羊頭賣狗肉)'의 준말이다. 즉, 좋은 물건을 파는 것처럼 내세우고 뒷전으로는 나쁜 물건을 파는 행위를 의미한다.

또 이 말은 표면으로는 그럴듯한 대의명분을 내걸었지만 이면으로는 좋지 않은 뜻을 품고 있는 사람들의 행태를 비판하는 데도 쓰인다. 가령 영화 〈구르믈 버서난 달처럼〉에서 왕권을 차지하기 위한 욕심은 뒷전으로 숨기고 민생을 위해 혁명을 해야 한다는 이념을 앞세우는 자들을 비판할 때도 '양두구육'이란 말이 쓰인다.

양머리 간판을 걸었으면 양고기를 파는 것이 바른 도리이지, 양머리 간판을 걸고 개고기를 파는 것은 바른 도리가 아니다. 이때 '양의 머리' 간판은 거짓 간판이요, 거짓 광고에 해당한다. 공자가 이름을 바로 세우겠다고 한 것은 간판, 즉 이름에 걸맞은 실질적인 행위를 하게끔 사회의 질서를 바로 세우겠다는 말과 다르지 않다.

광고의 언어를 보면 소위 '뻥튀기 광고'가 허다하다. '최고의 베스트셀러'라는 이름에도 불구하고 그 실질, 즉 내용을 보면 함량 미달인 책도 부지기수다. 이름과 실제는 레고 조각처럼 착착 들어맞아야 한다. '절전형 냉장고'라고 대대적으로 선전하고는 한 달 전기료가 고작 50원쯤 절약된다면, 이는 분명 과장 광고에 해당한다. "서민을 위한 정치를 하겠다."라는 명분을 내건 정당이 재벌의 이익만을 부풀려 준다면, 이 또한 이름과 실질이 어긋나는 경우라고 할 수 있다.

이름[名]과 실질[實]이 딱 들어맞는 것[相符]을 일컬어 '명실상부(名實相符)'라 한다. 어떤 정당이 서민을 위한 정당이라는 명분을 내걸었으면 그에 맞는 정치 활동을 하는 것이 정당의 '명실상부'한 정치 활동이다. 일류 대학 몇 명 들여보냈다고 자신들의 학원이 입시의 명문이라고 떠벌리는 것은 '명실상부'한 행위가 될 수 없고, '무가당 껌' 이라고 광고하고서는 설탕이 들어간 껌을 판다면 이 또한 '명실상부' 한 기업 행위가 될 수 없다.

미국의 저명한 언어학자인 조지 레이코프는 그의 저서 ≪코끼리는 생각하지 마≫에서 '세금'이라는 말이 '구제'와 어울리게 되면, '고통'이라는 은유가 탄생한다고 주장한다. 이렇게 되면 고통을 없애는 사람, 즉 세금을 없애는 사람은 영웅이 되고, 방해하는 자는 나쁜 사람이 된다.

그런데 '세금 구제'라는 말을 만든 사람은 부시 전 미국 대통령이 속한 미국의 보수 세력이었다. 그들이 '세금 구제'라는 말을 만든 이유는 무엇일까. 바로 그들의 정치적인 적들을 세금을 없애거나 줄이는 데 방해하는 나쁜 세력이라는 인식을 국민들에게 심어 주기 위한 전략이었다. 보수 세력이 만들어 낸 '세금 구제'라는 말을 가지고 진보적인 사람들이 아무리 합리적인 이유를 들어 반대한다 해도 결국은 '세금 구제'를 반대하는 무리가 되고 만다. 보수 세력이 노린 점이 바로 그것이다.

미국의 보수 세력이 만들어 낸 '세금 구제'란 말은 교묘한 속임수다. 다시 말하면 잘못된 명칭이다. 재벌들이 당연히 내야 할 세금을 왜 국가가 나서서 구제한다는 말인가? 봉급쟁이들은 꼬박꼬박 세금을 다 낸다. 그러나 재벌들은 여러 가지 방법으로 탈세를 자행한다. '세금 구제'란 바로 재벌들에게 세금을 감면해 주겠다는 논리, 즉 재벌들에게 세금을 인하해 주겠다는 논리다.

세금 구제, 겉으로 볼 때는 그럴듯한 '이름' 같지만 이 이름 뒤에는 이렇게 교묘한 정치 논리가 숨어 있는 셈이다. 공자가 이름을 바로잡겠다고 한 것은 이런 식의 교묘한 논리를 바로잡겠다는 뜻이며, 세상의 정의롭지 못한 부분을 정의롭게 되돌리겠다는 의지의 표현이다.

≪논어≫의 <옹야(雍也)> 편에는 다음과 같은 구절이 등장한다.

"子曰 觚不觚 觚哉觚哉"

이 구절을 어떻게 해석해야 하는가에 대한 의견이 분분하다. 참고로 '고(觚)'는 원래 팔각의 술잔을 가리키는 이름이었는데, 공자 시절에는 팔각 술잔이 아닌, 둥근 술잔도 고(觚)라고 불렸다. 이 구절을 두고 어떤 이들은 "모난 술잔을 '고'라고 불러야지 왜 둥근 술잔을 '고'라고 부르느냐?"로 해석하는 쪽도 있고, "모나지는 않았지만 그래도 '고'라고 해야지 어쩌겠느냐?"라고 해석하는 쪽도 있다. 첫 번째 주장은 이름과 실재가 부합해야 한다는 것이 공자의 생각이었을 것이라는 견해로 연결되고, 두 번째 주장은 이름이 실재와 다소 다르더라도 언어 습관을 그르다고 할 수는 없다는 견해로 연결된다. 이렇게 한문에서는 한 문장의 해석이 정반대의 길을 갈 수도 있다.

이렇게 생각해 보자. '차(車)'도 과거에는 단순히 수레를 가리키는 것이고, 말이 끄는 것이었다. 하지만 현대에 와서는 기계 동력을 이용한 탈것도 '차'라고 부른다. 그렇다고 해서 디젤 기관이나 가솔린 연료로 달리는 이동 수단을 '차'로 부르는 것이 잘못이라는 말인가? 새로운 사물이 생기면 그 사물을 지칭하는 말이 반드시 새로 생기는 것은 아니다. 새로운 기호를 고안하지 않고 예전에 있던 기호를 가져다 쓰기도 한다. 이것이 언어의 보수성이다.

기차 화통을 삶아 먹었나

"아이고, 깜짝이야! 기차 화통을 삶아 먹었나! 귀청 떨어지겠네."

아이들이 큰 목소리로 시끄럽게 떠들면 어른들이 흔히 하는 말이다. 이때의 '화통'은 아무리 삶아 먹어도 큰 소리를 낼 수 없다. '화통 (火筒)'은 기차나 기선에 달린 굴뚝을 말하는 것이기 때문이다. 소리를 내는 것은 기관실 위에 붙어 있는 '기적(汽笛)'이다. 이때의 '기 (汽)'는 증기, '적(笛)'은 피리라는 뜻이다. 즉, 증기가 세차게 내뿜어지면서 피리처럼 소리를 낸다는 의미에서 붙은 말이다. 그런데도 '화통을 삶아 먹다'라는 표현을 쓴 것은 증기 기관차의 대표적인 특성, 즉 화통에서 연기가 뿜어져 나오는 모습 때문이다.

우리가 즐겨 부르는 동요 중에 <기찻길 옆>이 있다. 노래에서는 '아기가 잘도 잔다'라고 했지만 시끄러운 기찻길 옆에서 아기가 잘 잘리가 없다. 그랬으면 좋겠다는 희망의 역설이다. 역설은 논리학에서 일반적으로는 모순되지만 그 속에서 새로운 진리를 찾는 것을 말한다. 역설을 통한 의미 부여는 때로 정치적 · 사회적 목적을 갖는다. 기찻길 옆에서도 '아기가 잘도 잔다'는 것을 일제 강점기의 억압 속에서도 우리의 민족의식은 흔들림이 없다는 식으로 해석하는 것이 그런 예다. 실제 작가의 의도가 그러했든 아니든 말이다.

수신사로 일본에 다녀온 김기수는 기차를 처음 타 본 소감을 ≪일동기유≫에서 밝혔다.

"우레와 번개처럼 달리고 바람과 비같이 날뛰었다. (중략) 좌우에 산천초목과 가옥, 인물이 보이기는 하나, 앞에 번쩍, 뒤에 번쩍 하므로 도저히 잡아 보기 어려웠다."

번개처럼 달리고, 바람처럼 날뛰었다는 표현은 기차의 속도에 놀라서 나온 말이다. 그래서 사물을 "도저히 잡아 보기 어려웠다."라고 술회했다. 기차는 당시 신문물의 대표적인 상징이었다. 사람들은 그 크기와 속도의 공포에 짓눌렸을 것이고, 새로운 문물에 경의와 우려를 함께 느꼈을 것이다. 또한 기차는 그 속도로 인해 물리적 거리를 축소하는 역할도 했다. 이렇게 기차는 사람은 물론이고 시간과 공간마저 지배했다.

이런 사실은 지금도 확인할 수 있다. 실제로 증기 기관차를 본 적 없는 요즘 아이들조차 기차가 어떻게 달리는지 소리를 내 보라고 하면 거의 예외 없이 '칙칙폭폭'이라고 한다. 시속 300킬로미터가 넘는 고속 열차가 다니는 시대에 웬 구닥다리 '칙칙폭폭'인가 싶지만, 증기 기관차가 처음 나왔던 그 시절, 검은 연기와 함께 '칙칙폭폭' 소리를 내며 힘차게 달리던 기차에 대한 동경과 공포는 여전히 인간의 유전

자에 깊게 새겨져 있다. 이는 영어라고 예외가 아니다. 미국 메이저리
그에서 뛰고 있는 야구 선수 추신수의 별명이 'choo-choo train'인
데 이때의 'choo-choo'가 바로 '칙칙폭폭'이다. 추 선수의 성에서 착
안한 것이다.

　기차의 이름에서도 시대를 읽을 수 있다. 일제 강점기 시절 만주 지
방의 자원을 수탈하기 위한 기차의 이름은 '대륙호'였다. 대륙 침략
을 위한 의지가 숨어 있는 말이다. 한국 전쟁 이후에는 '통일호1955년'
가 나왔고, 나라를 상징하는 꽃인 무궁화에서 이름을 따온 '무궁화호
1960년'가 등장하면서 국가 의식이 반영됐다.

같은 모양을 한 열차의 이름이 서로 다른 경우도 있다. 중앙선 화물을 운송하던 열차는 '건설호 '라는 이름을 붙였고, 호남선 화물을 운송하는 열차는 '증산호 '라고 불렀다. 중앙선은 산업 관련 물자를 주로 실어 날랐기 때문이고, 호남선은 곡물을 생산하는 평야 지대를 운행했기 때문이다. 이처럼 운행 구간과 지역의 특성에 따라 열차 명칭이 달라졌는데 1970년대를 상징하는 '새마을 운동' 이후에는 '새마을호 '가 나왔다.

말이 의식을 지배하기도 하지만, 사회 문화가 말을 만들어 내기도 하는 사례다.

'낙하산 인사'라는 말에 담긴 우리 사회의 인사

　김 씨는 K 그룹에 입사한 지 올해로 만 35년이다. 그의 젊음을 모두 K 그룹에 바쳤다고 해도 과언이 아니다. 자동차 영업부에 근무할 때는 전국 판매왕도 다섯 번이나 차지했다. 그동안 그룹 최우수 사원으로 뽑힌 것도 무려 세 번이다. 그는 누구보다도 빨리 승진했고, 새로운 직책이 주어질 때마다 최선을 다해 일했고, 자신의 능력을 개발하는 데도 누구보다 노력했다고 자부할 수 있다. 그가 이번 인사이동에서 K 그룹의 사장이 될 것이라는 사실을 의심하는 사람은 없었다. K 그룹의 미래를 위해서나, 김 씨 개인을 위해서나 김 씨가 사장이 되는 것이 최선의 선택이라고 모두들 입을 모았다. 그러나 정작 K 그룹의 사장이 된 사람은 정치인 출신 L 씨였다.

　이런 불합리한 인사이동을 '낙하산 인사'라고 한다. 어째서 '낙하산 인사'라고 하는지 생각해 보자. 사전은 낙하산을 '공중에서 사람이나 물자를 안전하게 땅에 내리도록 하는 우산 모양의 기구'라고 정의

하고 있다. 낙하산의 정의를 곰곰 따져 보면 '낙하산 인사'의 뜻이 분명해진다. L 씨는 밑에서부터 땀 흘려 정상에 오른 사람이 아니라, 누군가 위에서 떨어뜨려 준 사람이다. 그를 사장이라는 정상의 위치에 떨어뜨려 준 사람은 다름 아닌 K 그룹의 회장이다.

회사의 일은 정에 이끌려서 결정할 수 없다. 내 친구 회사라는 이유로 거래처를 마음대로 정해서도 안 되고, 회장의 친척이라는 이유로 어떤 회사의 물건을 대량으로 구입해서도 안 된다. 친구나 친척이라는 이유로 정에 이끌려서 일을 처리하는 것을 정실주의(情實主義)라고 한다. 담임 선생님의 친척이라는 이유로 특정한 학생을 반장으로 뽑는다면 이것이 곧 정실주의다. 줄 서기를 하고 있는데 검표원이 맨 뒤에 서 있는 사람을 자신의 이웃이라는 이유로 먼저 들여보냈다면 이 또한 정실주의다. 합리적인 사회라면 이런 정실주의는 배격해야 옳다. 경찰관이 피의자를 자신의 친구라는 이유로 놓아준다면 법치 국가의 기본은 뿌리째 흔들리고 만다.

회사의 운영도 마찬가지다. 정에 이끌려서 사장 자리에 적합하지 않은 사람을 올렸다가는 낭패를 보기 십상이다. '낙하산 인사'를 통해 유능한 사람이 사장이 될 수도 있다. K 그룹의 회장은 L 씨가 자신의 친척이어서가 아니라 김 씨보다 더 유능한 사람이었기 때문에 그를 사장 자리에 앉혔다고 항변할 수도 있다. 그러나 K 그룹의 회장은 한 가지 사실을 잊고 있다. 김 씨는 K 그룹의 평사원으로부터 시작해 한 계단 한 계단 올라온 사람이다. 그는 K 그룹을 위해 열심히 일했고, 그리고 그 능력도 인정받았다. 바로 그런 사람이 정상의 자리에 올라야 마땅하다는 것이 우리의 상식이다.

K 그룹의 인사를 등산에 비유한다면 김 씨는 산의 맨 아래에서 한 걸음 한 걸음 올라온 사람이다. 커다란 시련도 있었고, 때론 큰 위험도 있었다. 그는 그 어려움을 묵묵히 이겨 내고 정상 가까이에 오른 사람이다. 그런데 헬기에서 낙하산을 타고 내려오는 사람이 있다고 하면 이것은 정말 맥 빠지는 일이다. '낙하산 인사'는 이런 맥 빠지는

인사, 불합리한 인사를 말한다.

'낙하산 인사'라는 말에는 노력도 없이 어떤 대가를 성취하는 것은 옳지 못하다는 인식, 정당하게 땀 흘린 사람의 노력을 배척하는 것은 잘못이라는 인식이 전제되어 있다고 할 수 있다. 'No Pains, No Gains.' 고통이 없으면 얻는 것도 없다. '낙하산 인사'라는 말에 담긴 우리 사회의 인식이다.

산은 '정복'의 대상이 아니다

사전은 '원정(遠征)'의 뜻을 이렇게 밝혀 놓고 있다.

① 먼 곳으로 싸우러 나감.
② 먼 곳으로 운동 경기 따위를 하러 감.
③ 연구, 탐험, 조사 따위를 위하여 먼 곳으로 떠남.

십자군 원정, 몽골의 유럽 원정이 ①의 용례요, 원정 경기, 원정 시합이 ②의 용례이며, 한국 산악회의 에베레스트 산 원정이 ③의 용례가 되겠다. 그러나 어떤 뜻으로 쓰건 '원정'이란 말은 ①번의 뜻을 강하게 풍긴다. '멀리 가서 정벌한다'라는 '원정'의 한자 뜻을 풀어 봐도 그렇다. 그러니까 '원정'이란 말은 어원적으로 다른 나라를 힘으로 정복하여 굴복시킨다는 뜻을 함축하고 있는 단어라고 하겠다. '원정'이란 단어가 함축하고 있는 '정복' 혹은 '정벌'은 모두 힘으로 굴복시킨다는 뜻을 가진다.

그런데 일부 언론에서 아무 생각 없이 '산을 정복한다' 같은 표현을 쓰고 있다. "미국의 13세 소년 조던 로메로는 아버지와 아버지의 여자 친구, 셰르파 3명과 함께 정상 정복에 나섰다."라는 신문 기사가 그것이다. 이런 기사는 셀 수도 없을 정도다. 많은 산악인들이 이런 식의 기사에 안타까움을 표시하고 있다. 세계 7대륙 최고봉을 완등한 제프 태빈도 그런 산악인 중 한 명이다. 그는 CBS의 <데이비드 레터맨 쇼>에 출연하여 사회자가 이제 7대륙 최고봉을 다 정복했으니 다음에는 무엇을 하겠느냐고 묻자 그는 질문 자체를 부정하면서 이렇게 말했다.

"산을 정복하다니요? 그런 일은 절대로 있을 수 없습니다. 저는 단지 잠시 동안 그 산의 일부가 되었을 뿐이고, 무엇보다도 운이 좋았

을 뿐이죠. 완등 이후요? 우리가 살고 있는 이 지구라는 행성에는 아직도 미지의 세계가 무궁무진 남아 있답니다."

바로 이것이 산에 대한 산악인의 겸손이 아닐까.

그런데 우리의 현실은 어떤가? 제프 태빈과 같은 겸손을 보여 주는 사람을 우리 이웃에서 찾아보기는 쉽지 않다. 히말라야로 떠나는 등산대의 이름 끝에는 꼭 '원정대'라는 명사가 따라붙는다. 비행기를 타고 히말라야로 날아가서 반드시 산을 정복하고 오겠다는 등산대의 의지가 담긴 이름이라고 할 수도 있겠지만 제프 태빈과 같은 산악인이 볼 때는 '원정대'라는 이름조차 눈에 거슬린다고 하겠다. 인류 최초로 에베레스트 산에 올랐다는 에드먼드 힐러리도 이런 말을 남겼다.

"우리가 정복한 것은 산이 아니라 우리 자신이다."

지리산에 열두 번이나 올랐던 조선의 유학자 남명(南冥) 조식 선생은 지리산 자락에서 태어나 지리산에서 살다 지리산에 묻혔다. 그는 지리산 산행기 ≪유두류록(遊頭流錄)≫에서 지리산을 찾는 이유를 '산을 보고 물을 보고, 인간을 보고 세상을 보기[看山看水 看人看世] 위해서'라고 썼다. 정복의 쾌감과 승리자의 영광을 얻기 위해서 산에 간 것이 아니라는 말이다.

원정의 목적은 전투에서의 승리다. 전투의 승리를 위해서는 모든 수단과 방법이 다 동원된다. 산을 정복의 대상으로 삼는 사람들은 어떻게 산에 오르느냐는 관심 밖이다. 오직 정상에 오르는 행위, 그 자체만이 그들의 목적이 된다. 아마도 그런 사람들은 "에베레스트 정복,

6만 달러에 바로 올려 드립니다. 해발 육천 킬로미터에 있는 베이스 캠프에는 샤워용 텐트와 온수 보일러가 준비되어 있습니다."라는 광고를 보고 '옳지, 바로 저거야!'라는 생각을 할지도 모른다. 방법이야 어쨌든 결과만 달성하면 그만이라는, 결과주의적 사고방식이 바로 이런 태도다.

제프 태빈도, 남명 조식 선생도 한탄할 일이다. 음식도 음식답게 먹으란 말이 있지만 산도 산답게 올라야 한다. 산을 산답게 오르기 위해서는 산을 정복하겠다는 욕심부터 버려야 하지 않을까. 산에서 거창한 어떤 종교적 깨달음을 얻겠다는 것도 욕심이다. 산은 그저 오르고 또 오르는 곳이다. 산은 오르면서 땀 흘리고, 바람을 맞고, 다리쉼을 하면서, 산 아래를 물끄러미 바라보는 곳이다. 그 과정에서 홀가분한 느낌이 든다면 그것만으로도 기분 좋은 일이다.

'선생님'이란 호칭을 남발하는 사회

시청 앞에서 경찰이 차를 세우더니 거수경례를 깍듯하게 하며 이렇게 말했다. "선생님은 좌회전 금지 구역에서 차를 돌리셨습니다. 그 때문에 종로 일대에 잠시 교통 혼잡 상황이 발생했습니다. 면허증을 보여 주실까요?" 나는 면허증을 경찰에게 건네며 말했다. "제가 고등학교 선생이라는 것을 어찌 아시고 '선생님'이라고 부르셨어요?" 그러자 그 경찰은 함박웃음을 지으며 대꾸했다. "대한민국 경찰 눈썰미가 그 정도는 됩니다."

그가 사용한 '선생님'이란 단어는 남자 어른을 높여서 부르는 말일 뿐이지, '학교에서 남을 가르치는 교사'라는 의미를 가진 말은 아니다. 물론 나 또한 그 사실을 모르는 것은 아니지만 재미 삼아 농을 건 것이었는데, 그 경찰도 당황하지 않고 센스 있게 받아친 것이다.

다시 경찰의 입장으로 돌아가 보자. 그로서는 성도 모르고 이름도 모르는 남자 성인을 호칭할 수 있는 어휘가 딱히 없다. 이름을 알았다

면 '○○○ 씨'라는 식으로 '씨'라는 의존 명사를 붙였을 테지만, 그런 호칭법이 왠지 사람을 낮잡아 부르는 말 같다는 생각을 했을지도 모른다. 어쨌든 그는 낯선 운전자를 높여서 부를 수 있는 말로 '선생님'이란 호칭을 선택한 것이다.

그런데 요즘 이 '선생님'이라는 단어를 남발하고 있다. 아이돌 가수가 자신이 속한 회사의 대표를 '선생님'이라고 부르기도 하고,

서른이 갓 넘은 가수에게 후배 가수가 존경의 뜻으로 '선생님'이란 호칭을 붙이기도 한다.

한 사람이 '선생'이란 호칭을 듣기 위해 갖추어야 할 객관적인 조건 같은 것은 없다. 그러나 '선생'이란 호칭은 적어도 지긋한 나이와 풍부한 경험을 갖춘 사람에게 붙이는 것이 자연스러워 보인다. 가수들도 이미자·패티킴과 같이 환갑을 넘긴 가수들에게는 '선생님'이란 호칭을 붙인다. 배우들도 마찬가지다. 이순재·신구·김혜자·강부자 등처럼 연기자로 데뷔한 지 오랜 시간이 흐른 원로 연기자들에게는 후배들이 존경의 뜻으로 '선생님'이란 호칭을 붙이는 것이 어색하지 않다.

2009년, KBS가 방영한 〈솔 약국 집 아들들〉이라는 드라마에서 극중 인물들이 의사는 '선생님'이라 부르고 약사는 '아저씨'라고 부르는 데 대해 약사회가 유감을 표현하는 항의 공문을 제작진 앞으로 발송했다. 약사회는 항의 공문에서 "의사는 '선생님'으로 부르고, 약사는 '아저씨'라 부르는 것은 국민 화합 차원에도 맞지 않으며, 골목골목 주민 건강을 사수하는 약사들의 자존감을 무너뜨리는 행위다."라며 "공영성을 대표하고 있는 방송사라면 더욱더 프로그램 제작과 방영에 있어 신중을 기해 달라."라고 당부했다.

약사회의 항변이 그리 부당한 것 같지는 않다. 우리 중의 누구도 의사를 아저씨라고 부르지 않는다. 어린 아들이 의사 직업을 가진 아빠의 친구를 부르는 말로 '의사 아저씨'라는 말은 쓸 수 있지만 공식적인 자리에서 의사에게 아저씨라는 호칭을 붙이기는 쉽지 않다.

생명을 다루는 의사에게 존경의 뜻으로 선생님이란 호칭을 붙일 수 있다면 약사에게도 선생님 호칭을 붙이지 못할 이유는 없다. 그러나 이제 서른이 갓 넘은 가수에게 '선생님'이란 호칭을 쓰는 것은 자연스럽지 못하다. 이런 경우에는 '선배님'이 더 적당하다.

어떤 원로 가수는 충분히 '선생님'이라는 호칭을 들을 수 있는 나이에 듬직한 경륜까지 쌓았지만 '선생님'이라는 호칭을 거부하기도 한다. 왜일까? 스스로 겸손해지기 위해서라고 한다. 늘 배우는 자세로 후배들에게도 배울 점이 있으면 배워야 하는데 '선생님'이란 말을 들으면 겸손함을 잃어버리고 오만해질 수 있기 때문이라고 한다.

바로 그런 분이 우리의 선생님이다. 나이가 많다고 해서 선생이 되는 것도 아니고, 학식과 경험이 많다고 해서 선생이 되는 것도 아니다. 말로든 행동으로든 우리에게 가르침을 줄 수 있는 사람, 그런 사람이어야 '선생'의 호칭이 아깝지 않다.

'우리'라는 표현

"우리 학교는 요번에 수영장을 만들었어."

"와, 좋겠다."

성섭이란 친구가 자신의 학교에 수영장이 생겼다며 문경에게 자랑하고 있다. 같은 학교에 다니지 않는데도 왜 성섭은 '우리 학교'라는 표현을 썼을까?

사람들은 흔히 '우리 마누라', '우리 남편'처럼 공유할 수 없는 대상에게도 '우리'라는 말을 쓰곤 한다. 친구는 형제가 아닌데도 "우리 엄마가 구운 과자야. 너도 먹어 봐."라고 말한다. 이를 두고 어떤 사람들은 '우리 ○○'라는 표현이 틀렸다고 주장하기도 한다.

≪표준 국어 대사전≫은 '우리'의 뜻을 이렇게 풀고 있다.

● 우리03 「대명사」

「1」 말하는 이가 자기와 듣는 이, 또는 자기와 듣는 이를 포함한 여러 사람을 가리키는 일인칭 대명사.

「2」 말하는 이가 자기보다 높지 아니한 사람을 상대하여 자기를 포함한 여러 사람을 가리키는 일인칭 대명사.

「3」 (일부 명사 앞에 쓰여) 말하는 이가 자기보다 높지 아니한 사람을 상대하여 어떤 대상이 자기와 친밀한 관계임을 나타낼 때 쓰는 말.

¶ 우리 엄마/우리 마누라/우리 신랑/우리 아기/우리 동네

여기서 우리가 눈여겨봐야 하는 것은 「3」번이다. 풀이를 보니 '대상이 자기와 친밀한 관계임을 나타낼 때 쓰는 말'이라고 되어 있다. 이 내용은 옛날 사전에는 잘 보이지 않고, 최근에 나온 사전에서 등장하기 시작했다. 사전이 우리의 언어 습관을 반영한 결과다.

이는 '우리'라는 말이 단순히 복수의 개념이 아니라, 어의 전성을 통해 우리 민족의 문화적 특성까지 나타내고 있음을 보여 주는 예다. 설사 사전에 위와 같은 풀이가 없더라도 '우리 ○○'라는 표현은 익숙하고 자연스러운 언어생활의 산물이므로 틀렸다고 할 수 없다.

그런데 재미있는 것은 친구를 만나 이야기를 나눌 때 '우리 형', '우리 누나'라고 하는 건 자연스러운데, '우리 동생'이라고 할 때 조금 어색한 느낌이 든다는 점이다.

상황 1

자연스러움	조금 어색함
• 우리 형이 너 혼내 줄 거야. • 우리 누나가 사 준 옷이야.	• 우리 동생이 나보다 커.

물론 개인이나 지역에 따라 '우리 동생'이라고 표현하는 경우도 있지만 아무래도 "우리 동생이 나보다 커."보다는 "내 동생이 나보다 커."라고 하는 것이 자연스럽다. 반면, "우리 형이 너 혼내 줄 거야."나 "우리 누나가 사 준 옷이야."의 경우 '우리'를 '내'로 고쳐 '내 형이 너 혼내 줄 거야.'라고 하거나, '내 누나가 사 준 옷이야.'처럼 말하면 어색하기 그지없다. 즉, '우리'와 '내'는 단순히 지시적 관점에서 파악할 수 없는 표현이다. 또한 이런 사실에서 '우리'라는 표현은 자기보다 손윗사람을 가리킬 때 나타나는 것인가 추측해 볼 수도 있지만 그럼 '우리 아기'는 왜 또 어색하지 않은 것일까 하는 의문이 든다. 이런 차이는 왜 생기는 것일까?

상황 2

• 이 옷. <u>우리</u> 동생이 입으면 좋겠다.	• <u>내</u> 동생은 나보다 공부를 잘한다.
• 이 과자는 <u>우리</u> 동생 줘야지.	• <u>내</u> 동생은 말을 안 듣는다.

　위의 상황에서 '내 동생'과 '우리 동생'은 느낌이 다르다. '우리 동생'이라고 할 때는 혈육의 정을 느끼는 마음이 드러난다. 이런 발화는 동생과 나의 관계를 서술하며 지극히 개인적인 공간, 즉 마음속에서 혼잣말처럼 나타난다. 타인을 배제한, 동생과 나의 관계만 드러나는 경우다. 하지만 '내 동생'이라는 표현에는 다른 사람의 시선이 개입되어 있다. 주변의 반응을 의식하며 하는 말이라는 느낌이 강하다.

　또 '우리 집'이라고 할 때는 소유나 주거 공간으로서의 '집'이 나타나지 않는다. 아버지와 어머니와 형제자매가 함께 살고 있는 나의 소속이 드러난다. 하지만 '내 집'이라고 할 때는 소유의 개념이 강하다.

　이런 차이는 한국어가 지닌 고유의 특질이다. 이처럼 언어의 발생과 소통, 전달 과정에서 나타나는 표현에는 집단 공동체의 생각이 담긴다.

정치적인 말, 사회적인 말

한국어에 숨어 있는 이야기

1

3

2

말에도 지느러미가 있다

한국인을
위한
한국어

5

책과 텔레비전을 느끼자

우리는 보통 책은 '읽는다'라고 하고, 텔레비전은 '본다'라고 한다. 아무 문제가 없을 것 같은 이 문장에서 빠진 것이 있다. 그것은 바로 '눈으로'라는 전제 조건이다. 따라서 책은 '눈으로 읽는다', 텔레비전은 '눈으로 본다'라고 해야 정확한 문장이 된다. 하지만 누구도 이렇게 말하지 않는다. 왜일까? 굳이 '눈으로'라는 말을 넣지 않아도 책은 눈으로 읽는 것이 당연하다고 여기기 때문이다.

시각 장애인들은 어떻게 책을 읽을까? 보통의 경우 점자로 읽는다. 점자는 종이에 6개의 점을 볼록 튀어나오게 찍어 손가락으로 글자를 읽을 수 있게 만든 특수 문자다. 이 점자를 처음 만든 사람은 프랑스의 '브라유'다. 그는 어렸을 때 송곳을 가지고 놀다가 눈을 다쳐 시각 장애인이 되었다. 당시 군대에서는 어두운 밤에도 병사들에게 명령을 전달할 수 있도록 점으로 표시하는 야간 문자를 사용하고 있었는데, 브라유는 이 야간 문자의 불편함을 줄여 점자를 만들었다.

세종 대왕이 주도하여 창제한 '훈민정음'을 모르는 사람은 없다. 하지만 '훈맹정음'을 알고 있는 사람은 드물다. '훈맹정음'은 박두성 선생이 시각 장애인을 위해 만든 한글 점자를 일컫는 말이다. 선생은 시각 장애인들에게 "비록 눈이 보이지 않더라도 그것을 비관해서는 안 된다. 배우지 않으면 마음까지 어둠 속에 묻히게 되니 배워야 한다."라고 말하며 한글 점자를 만들어 '훈민정음'의 '민'을 눈 멀 '맹(盲)' 자로 바꿔 '훈맹정음'이라 이름 붙였다.

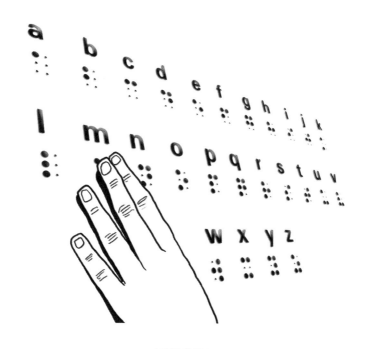

• 브라유 알파벳

시력을 잃은 사람들을 위한 '오디오북'도 있다. CD나 MP3파일에 성우들이 책의 내용을 녹음해 눈으로 읽는 것이 아니라 귀로 들을 수 있게 만든 책이다. 전 미국 레코드 예술 과학 아카데미는 우수한 레코드와 앨범을 선정해 매년 그래미상을 수여하는데 오디오북 분야도 포함하고 있다고 한다. 이처럼 시력이나 청력을 잃은 사람들을 위한 수단은 이미 오래전부터 발달했다.

최근 텔레비전 드라마를 보면 "시각 장애인을 위한 음성 해설 방송입니다."라는 말을 들을 수 있다. 즉, 시력을 잃은 사람을 위해 성우가 내용을 말로 설명하는 것이다. 예를 들어 화면에서 주인공이 누군가를 만나 환한 표정을 지으면, "철수가 미영이를 만나 기쁜지 얼굴에 웃음꽃이 피었다."라고 화면에서 전개되고 있는 상황을 음성으로 전달한다. 시력을 잃었더라도 음성을 통해 그 장면을 상상할 수 있는 것이다. 또 뉴스에서는 청력을 잃은 사람들을 위해 화면 한쪽에 수화로 내용을 설명하는 장면을 넣기도 한다.

책을 눈으로만 읽는다는 것은 오해다. 어떤 사람들은 오디오북을 통해 '듣기'도 하며, 또 어떤 사람들은 점자를 통해 손으로 '느끼기'도 한다. 이렇듯 책은 단지 눈으로 보기만 하는 것이 아니라 다양한 감각을 이용해 느낄 수 있다. 최근 '보이는 라디오'라고 해서 인터넷을 통해 라디오 방송을 영상으로 송출하는 것도 마찬가지다. 그렇다면 책이나 텔레비전은 엄밀하게 말하면 '보는' 것이 아니라 '느끼는' 것이라고 말해야 하지 않을까?

볼 수도 들을 수도 말할 수도 없었던 헬렌 켈러를 위해 그녀의 가정교사 설리번 선생님은 '물'이라는 단어 하나를 가르치기 위해 어린 헬렌 켈러의 손에 '물'이라는 글자를 쓰고 직접 물을 만져 느끼게 했다. 설리번 선생님의 배려 덕분에 헬렌 켈러는 신체장애를 극복하고, 교육과 사회 복지 사업에 큰 공을 세워 '빛의 천사'가 될 수 있었다.

우리가 무심코 쓰는 말이나 단어 속에 나와 다른 사람들에 대한 배려가 없다면 그 말은 고쳐 써야 한다. 이제 책이나 텔레비전을 '본다'고 하지 말고 '느낀다'고 하면 어떨까? 그럴 때 좀 더 아름다운 사회가 되지 않을까?

하지만 이런 주장에 문제점이 없는 것은 아니다. 다음에 이어지는 <벨의 스위치를 누르라고?>를 읽어 보고 두 이야기에서 말하려고 하는 차이를 비교해 보기 바란다. 언어생활은 단편적인 사고를 통해 이루어지지 않는다는 점도 함께 생각해 보면 좋겠다.

벨의 스위치를 누르라고?

　　교사들을 대상으로 언어학 강의를 하시던 교수님께서 강의 중에 '벨을 누르다'라는 말이 언중들에게 광범위하게 쓰이고 있지만 이는 틀린 표현이라면서 교사들이 학생들의 언어 표현을 바로잡아 주어야 한다는 말씀을 하셨다. 그분의 뜻대로라면 맞는 표현은 '벨의 스위치를 누르다'였다. '벨'이 아니라 '벨의 스위치'를 눌러야 벨이 울린다는 것이다.

　　강의를 듣고 있던 나는 무언가 이상하다는 느낌을 받았다. 많은 사람들이 '벨을 누른다'라는 표현을 쓰고 있는데 엄밀성과 정확성을 이유로 언중들이 잘 쓰고 있는 언어 표현을 굳이 쓰지 말라고 하는 것은 좀 무리라는 생각이 들었다.

　　먼저 '책을 보다'라는 표현을 보자. 그 교수님의 말씀대로라면 '책을 보다'도 틀린 말이다. 왜? '책의 글씨를 보다'가 더 정확한 표현이기 때문이다. 그러나 어느 누구도 '책의 글씨를 보다'라고 말하지 않는다. 왜 그런 표현을 쓰지 않는 걸까? '책을 보다'라는 표현에서 '보다'는 '눈으로 사물을 인식하다'의 뜻으로 쓰이지 않고 '읽다'의 뜻으로 쓰였기 때문이다. '읽다'라는 행위의 대상은 '문자'이지 '책'이라는 물리적 대상이 아니기 때문이다. 물론 '책의 글씨를 읽다'가 '책을 읽다'보다 훨씬 정확한 표현이기는 하다. 그러나 언어를 정확성만으로 그 우열을 판단하는 것은 무리다.

'소설을 쓰다'라는 말도 마찬가지다. 소설을 쓴다는 것은 내용을 구상하고, 인물과 배경을 설정하고, 필기도구를 들어 한 자 한 자 쓰는 세부적 행위 하나하나를 총괄하여 이르는 말이다. 하지만 이렇게 복잡하게 말할 것 없이 '소설을 쓴다'라고 하면 얼마나 간단명료한가?

'영화를 찍고 있다'라는 말도 논리적으로 따지고 들면 틀린 말이다. 그러나 이 표현도 많은 사람들이 쓰고 있다. '영화를 찍고 있다'라는 표현을 정확하지 않다는 이유로 바르게 고쳐야 한다면 우리는 "나, 요즘 영화의 배경과 인물과 인물의 동작과 대사를, 영화 대본의 스토리에 맞추어 찍으면서 동시에 녹음하고 있어."라는 아주 번거롭고 이상하기 짝이 없는 표현을 선택해야 할 것이다.

만약 언어를 정확성만으로 우열을 판단해야 한다면 우리의 언어생활은 갈피를 못 잡고 꼬일 수가 있다. 가령 '가게를 닫다'라는 말을 보자. 이는 두 가지 의미로 쓰인다. 하나는 '영업시간이 지나 가게 문을 닫다'라는 뜻이고, 또 하나는 '장사가 안 돼 하던 사업을 접다'라는 뜻이다. 우리는 '가게를 닫다'라는 말을 들었을 때, 어렵지 않게 그 뜻을 파악할 수 있다. '가게를 닫다'라는 표현은 '영업시간이 지나 가게 문을 닫

다나 '장사가 안 돼 하던 사업을 접다'라는 표현보다 짧다. 물론 '가게 문을 닫다'라는 표현보다도 짧다.

언중들은 표현의 정확성보다는 표현의 경제성을 먼저 따진다. 상대방이 알아들을 수만 있다면 비록 그것이 비문법적일지라도 짧은 표현을 더 좋아한다. 짧은 표현, 그것이 언어의 경제성이다.

"야!"

"왜?"

"가?"

"응."

"왜?"

"바빠서."

점잖은 사람들끼리는 이런 말을 쓰기 어렵다. 격식을 따져야 하기 때문이다. 그러나 바쁘게 일상을 살아가는 사람들에게는 이것저것 따질 겨를이 없다. 간단하지만 의미가 명료하여 오해를 살 여지가 없다면 그것으로 충분하다.

'피아노의 건반을 치다'라는 표현보다는 '피아노를 치다'라는 표현이 경제적이고, '시장에서 사야 할 물건을 사다'라는 표현보다는 '시장을 보다'라는 표현이 경제적이다.

여러분이 공장을 경영한다고 가정해 보자. 어떤 친구가 여러분에게 사업이 잘되느냐는 의미로 "요즘 공장 잘 돌아가?"라고 물었다면 여러분은 과연 어떻게 대답하겠는가?

① 공장, 잘 돌아가.
② 공장의 기계가 잘 돌아가.
③ 공장의 기계의 모터가 잘 돌아가.
④ 공장의 기계의 모터 속의 회전축이 잘 돌아가.

①번에서 ④번으로 갈수록 정확한 표현이다. 그러나 아무도 정확성을 위해서 ④번의 표현을 선택하지 않는다. 왜? 번거롭기 때문이다. 언중들은 표현의 정확성보다는 경제성을 선택하는 경향이 있다. 학문을 함에 있어서나 상거래를 하는 경우에 있어서는 엄밀한 언어 표현을 선택해야 하지만 일상생활에서는 의사소통에 지장이 없다면 언어 표현의 엄밀성보다는 경제성을 선택한다.

언어 표현의 정확성은 학자들이 추구해야 할 일일 수도 있지만 그것을 지나치게 강조하게 되면 "공장의 기계의 모터 속의 회전축이 잘 돌아가."라는 번거로운 표현을 권장하는 잘못을 범할 수 있다.

옛날 극장에 가다

요즘은 극장에 가지 않아도 비디오나 DVD를 통해 쉽게 영화를 볼 수 있다. 또 케이블 방송 중에는 하루 종일 영화만 틀어 주는 곳도 있고, 인터넷에서 다운로드해서 보는 경우도 흔하다. 하지만 예전에는 영화 한 편 보는 것이 연례행사였던 때가 있었다. 방학 때나 되어야 겨우 만화 영화 한 편을 보았다. 그 시절 극장의 은막 옆에는 형광등이 들어 있는 아크릴 알림판이 있었는데, 거기에는 '탈모', '정숙' 같은 말이 적혀 있곤 했다.

'탈모'는 머리[毛]가 빠진다[脫]는 것이 아니라 모자[帽]를 벗으라[脫]는 뜻이다. '정숙'은 여자 이름이 아니라 조용히[靜肅] 하라는 의미다. 또 극장 앞에 '조조할인'과 함께 붙어 있곤 했던 '만원사례'는 추첨을 통해 사례로 10,000원씩 주겠다는 것이 아니라 '만원(滿員)'을 이루게 해 주어서 '고맙다[謝禮]'는 뜻으로, 사람이 꽉 차서 관객을 더 받지 못하는 것을 양해해 달라는 말이다.

'조조할인'은 요즘도 자주 볼 수 있는 문구다. 삼국지에 나오는 위나라 시조 조조(曹操)와는 상관이 없고, 이른[早] 아침[朝]에 손님이 적을 때 입장료를 깎아[割引] 주겠다는 의미로 쓴다. 조조할인은 썩 괜찮은 생각이지만 매표소 앞에 손님을 더 받을 수 없다는 뜻의 '만원 사례' 문구를 붙여 놓고도 계속 손님을 받았던 이유는 무엇일까?

또 그 시절에는 개봉관과 재개봉관의 구분이 있었다. 개봉관은 신작 영화를 처음 상영하는 곳을 뜻하고, 재개봉관은 개봉관에서 간판을 내린 영화를 다시 상영하는 곳을 뜻한다. 재개봉관은 흔히 '삼류 극장'이라고 부르기도 했다. 이 삼류 극장에서는 여러 번 상영한 필름을 썼기 때문에 화면이 일그러지거나 비가 내리는 것처럼 줄이 가곤 했는데 그런 현상이 나타나면 호기로운 청년들이 휘파람을 불거나 "비 온다. 우산 내 놔라!" 하고 소리치는 모습을 볼 수 있었다.

삼류 극장의 가장 큰 특징이라면 '동시 상영'을 들 수 있다. 동시 상영은 보통 한국 영화 한 편에 외국 영화 한 편을 같이 상영하던 것에서 나온 말인데 개봉관에서 영화 한 편 보는 가격에 두 편을 볼 수 있었으니 가난했던 시절에는 꽤나 합리적인 셈법이라고 할 수 있겠다.

영화 한 편이 끝나고 쉬는 시간이 되면 나무통을 멜빵으로 짊어진 소년들이 '영양갱'이나 '라면땅' 같은 이런저런 주전부리를 팔았는데, 어른들이 "어이, 멜빵!" 하고 부르면 머리 **빡빡** 깎은, 기껏해야 열대여섯 정도밖에 안 되었을 소년들이 "네이~" 대답하며 달려가곤 했다. 지금은 그리운, 그리고 안쓰러운 풍경이다.

그런데 '동시 상영'이란 말은 생각해 볼 필요가 있다. '동시'라는 것은 '천둥과 번개가 동시에 쳤다'처럼 같은 시간에 어떤 현상이 함께 일어남을 뜻하는 것인데 두 편의 영화를 동시에 상영할 수는 없는 일 아닌가? 만약 그랬다면 청년들은 휘파람을 부는 것이 아니라 돌팔매질을 했을 수도 있다. 그렇다면 동시 상영을 정확한 개념으로 바꾸면 무엇이라고 해야 할까? 이 문제는 잠시 접어 두고 요즘의 상황을 살펴보자.

최근 영화계에서 문제가 되고 있는 것 중 하나는 극장에서 두 편의 영화를 번갈아 가며 상영하는 일이다. 요즘 극장은 단관이 아니라 여러 개의 상영관을 갖고 있는 멀티플렉스 체계다. 1관에서는 '가'라는 영화를 상영하고, 2관에서는 '나'라는 영화를 상영하는 식이다. 그런데 1관 한곳에서 1회에는 '가'를, 2회에는 '나'를 상영하는 일이 빈번하다. 이것을 흔히 '교차 상영'이라는 말로 표현하고 있다. 이 '교차 상영'이 문제가 되는 이유는 흥행이 안 될 것 같은 영화의 시간대를 조조나 심야로 편성해 관객의 영화 선택권을 빼앗기 때문이다.

'교차 상영'이라는 말도 '동시 상영'만큼 문제가 많다. 아마도 '교차'를 '번갈아 가며'라는 뜻으로 쓰고 있는 듯한데, 교차는 서로 엇갈리거나 마주침을 뜻한다. "만감이 교차했다.", "철길과 도로가 교차했다."처럼 쓴다. 따라서 '교차 상영'이라는 말 또한 개념이 틀린 셈이다. 그렇다면 '동시 상영'과 '교차 상영'을 대체할 수 있는 말은 무엇일까? 풀어서 쓴다면 '번갈아 상영'쯤이 되어야 할 텐데 단어 구성 요건이 불편하다. '로테이션 상영'이라고 할 수도 있겠지만 외래어라서 거부감이 있을 수 있다. '교대 상영' 정도가 적당할 듯하다.

하지만 말은 언제나 이런 논리로만 접근할 수 있는 것은 아니다. 다음의 예를 보자.

● 말의 논리, 언중의 논리

개념을 잘못 알고 쓰는 말도 있지만 앞뒤가 안 맞는 말도 있다. 널리 알려진 것으로는 '피로 회복'이 있다. "'피로'는 나쁜 것인데 이것을 다시 회복해서는 안 된다. '피로 해소'라고 하는 것이 적당하다."라는 이야기다. 그런데도 여전히 '피로 회복'이란 선전 문구를 단 음료가 팔리고 있다. 우리말에는 이처럼 논리에는 맞지 않지만 무심코 쓰는 말들이 많다. 또 다른 예를 보자.

• **얼음이 얼다**   이미 얼음은 물이 얼어서 굳어진 것이다. 얼음은 다시 얼 수 없다.

• **칠전팔기**   '칠전팔기(七顚八起)'는 한자 그대로 풀면 일곱 번 넘어지고, 여덟 번 일어난다는 말이다. 실패를 거듭해도 좌절하지 않고 꾸준히 노력함을 뜻한다. 하지만 일곱 번 넘어졌으면 일곱 번만 일어날 수 있다.

• **쓰레기 분리수거**   이 말에는 세 개의 잘못이 있다.

① '분리'라는 말. '분리'는 '서로 나뉘어 떨어짐'을 뜻하는 말이다. 깡통에서 뚜껑 고리를 몸체와 떼어 내는 것이 '분리'다. 혹은 유리병에 붙은 종이 설명문을 떼어 내는 것이 '분리'다. 우리가 '쓰레기를 분리한다'라고 할 때를 생각해 보자. 위와 같은 일이 아니라, 알루미늄으로 된 캔이나 플라스틱으로 된 용기를 나누어 담는다. 그렇다면 '분리'가 아니라, '분류'라고 해야 옳다.

② 주체의 비정확성이다. '수거(收去)'는 거두어 감이라는 뜻이다. 따라서 쓰레기를 내놓는 사람의 입장에서 보면 '수거'가 아니라, '배출'이라고 해야 한다. '수거'는 청소업자가 한다.

③ '쓰레기'는 쓸 수 없게 되어 버릴 물건이란 뜻이다. 하지만 요즘 분류 배출하는 것은 대부분 재활용을 목적으로 한다. 재활용품은 쓰레기가 아니다. 결국 '쓰레기 분리수거'라는 말은 내다 버리는 사람의 입장에서 '재활용품 분류 배출'이라고 하는 것이 옳다.

앞의 예들은 단순히 논리 모순, 또는 개념이 틀린 말의 예를 든 것이지, 그런 표현을 쓰는 것이 잘못되었다는 의미는 아니다. 처음에 나온 '얼음이 얼다'라는 표현을 보자. 이것 또한 언중이 흔히 쓰는 '꽃이 피다', '떡이 익다' 등과 같다. 꽃은 이미 피어 있는 것이고, 떡은 이미 익은 상태다. 그러니 '꽃이 피다', '떡이 익다'도 논리적으로는 말이 되지 않는다. 하지만 이것을 '꽃봉오리가 벌어지다'로 바꾸거나, '쌀가루 또는 밀가루 등이 먹을 수 있을 정도로 되다'로 바꿀 수는 없는 노릇이다. 즉, 말은 논리로 설명할 수 없는 부분이 있다.

'얼음이 얼다'는 과학적으로도 설명이 가능하다. 러시아 화학자 탐만은 물을 얼린 정상적인 '얼음I'에 3,500기압을 가하면 새로운 상태의 얼음이 생기는 걸 발견했다. '얼음IX'라는 것도 있는데 '얼음III'을 단숨에 '냉각'할 때 생성된다고 한다. 이런 사례를 보면 얼음은 다시 새로운 형태로 얼 수 있다는 걸 알 수 있다.

'칠전팔기'도 마찬가지다. 이때의 '7'과 '8'은 단순히 수의 개념으로 볼 수 없는 측면이 있다. 이때는 구체적인 수를 지시한다기보다는 굳건한 의지를 표현하는 상징적 제시라고 보아야 한다.

이렇듯 말은 사전의 뜻풀이를 기계적으로 적용할 수 없다. 그 말을 만들고 사용하는 언중의 논리는 명확함보다는 말의 전달성과 최초의 생성력에 더 큰 매력을 느낀다. 그렇다면 '동시 상영'이나, '교차 상영'의 경우는 어떨까? 이때는 말의 논리가 앞서는 것일까, 언중의 논리가 앞서는 것일까?

꼭꼭 숨어라, 머리카락 보일라!

"꼭꼭 숨어라, 머리카락 보일라.
어디 어디 숨었니?"

해가 뉘엿뉘엿 질 무렵이면 동네 아이들이 모두 쏟아져 나와 놀던 시절이 있었다. 간혹 밥 먹는 것보다 노는 게 더 좋아 엄마 몰래 뛰쳐나온 아이를 향해 "재섭아, 밥은 먹고 놀아야지!" 외치는 목소리가 들리기도 했다. 그 목소리 곁으로 가게 주인이 길가에 석유풍로를 놓고 밥 짓던 냄새가 참 고소하게 흘렀다. 골목길에는 모래와 흙이 있었고, 동네 어귀에는 마치 당연하다는 듯 커다란 공터가 자리 잡고 있었다.

그 시절의 아이들에게 변변한 장난감 같은 게 있었을 리 없다. 길이 장난감이었고, 흙이 장난감이었으며, 또한 서로가 서로에게 장난감이던 시절이었다. 그때 아이들이 즐기던 수많은 놀이를 지금의 아이들은 알고 있을까? 그 골목에서 피어나던 웃음꽃을 짐작할 수 있을까?

꼭꼭 숨어라, 머리카락 보일라.
어디 어디 숨었니?

지금은 흙길 대신 잘 정비된 아스팔트가, 공터 대신 아파트가 들어서고 있다. 그네만 혼자 바람에 삐걱거릴 뿐, 노란 차에 실려 학원으로 간 아이들의 목소리는 더 이상 놀이터에 없다. 플레이스테이션과 닌텐도 DS와 PC방이 그 자리를 대신하고 있다.

장난감을 구경하기 힘들던 시절의 아이들이 자주 하던 놀이 중에 '숨바꼭질'이 있다. 한 아이가 술래가 되어 이곳저곳에 숨어 있는 친구들을 찾는 것인데 숨어 있는 동안에는 들킬까 봐 두근두근! 긴장감을, 내가 술래가 되어 숨은 아이를 찾았을 때는 야호! 커다란 희열을 맛볼 수 있었다. 그런데 과연 놀이의 목적처럼 '숨어 있는 아이'를 찾을 수 있을까?

국어사전은 '숨다'를 '보이지 않게 몸을 감추다'라고 풀이하고 있다. 초능력자가 아닌 이상 상대가 몸을 '보이지 않게' 감췄다면 결코 찾을 수 없다. 결국 '숨바꼭질'을 정확하게 정의하면 숨은 아이를 찾는 것이 아니라, 숨으려고 했지만 제대로 숨지 못한 아이를 찾는 놀이가 된다. 물론 옷장 속에 들어가 문을 닫은 경우라면 이것은 '숨다'에 해당한다. 하지만 골목에서의 숨바꼭질이라면 이런 상황을 설정하기는 힘들다.

또 많은 사람이 즐기는 놀이 중에 '숨은그림찾기'가 있다. 복잡하게 그려진 그림 속에 들어 있는 사물 따위를 찾는 것인데 이 또한 숨바꼭질과 마찬가지다. 정말로 그림 속에 사물이 '숨어' 있다면 우리는 결코 그 그림을 찾을 수 없다. '숨다'에는 '보이지 않게'라는 뜻이 있으니까. 이 역시 하늘의 비행기에서 보면 숲처럼 보이는 위장막과 같은 관계에 놓인 효과를 찾아내는 것이지, 숨은 그림을 찾는 놀이가 아니다. 정확하게 말하면 '찾기 힘든 그림 찾기'라고 해야 한다.

인터넷에서 유행하는 '틀린 그림 찾기'도 마찬가지다. 이 놀이에서 제시하는 두 개의 그림은 서로 '틀린' 것이 아니라 '다른' 것이다. 만약 세밀한 꽃 그림을 그려 놓고 꽃잎이나 암술 등이 잘못된 부분을 찾으라고 하면 이것은 '틀린 그림 찾기'가 맞다. 그런데 우리가 즐기는 놀이는 그런 게 아니다. '틀리다'는 어떤 사실이나 셈 같은 것이 잘못되거나 어긋났다는 뜻이고, '다르다'는 비교하는 두 대상이 서로 같지 않다는 뜻이므로 '다른 그림 찾기'라고 불러야 옳다. 하지만 이 역시도 완벽하지는 않다. 이미 두 그림이 다르다는 전제가 붙었으므로 시작하자마자 "이 그림은 서로 달라!"라고 하면 놀이가 끝나고 만다. 더 정확하게 표현하려면 '두 그림 사이에서 서로 다른 부분 찾기'라고 해야 한다.

이처럼 우리가 흔히 쓰는 말에는 잘못된 개념을 적용한 경우가 많다. 하지만 이것을 꼭 틀렸다고 할 수 있을까? 언어는 사회 구성원끼리 맺은 약속이다. 논리적으로 옳지 않다고 해서 어떤 말을 폐기 처분하자는 것은 성급하다. 어떤 말이 널리 쓰인다는 것은 언중의 사회적 동의를 얻었다는 증거이기 때문이다. 비록 어떤 개념이 부정확하다고 할지라도 이미 언중에 의해 광범위하게 사용되고 있다면 이를 함부로 바꿀 수 없는 일이다. 언어는 논리적 개념에 의해서 태어나는 것이 아니라, 사회 구성원의 약속에 따라 발생하고 성장하는 측면이 강하기 때문이다.

'-들/들'은 영어식 표현인가?

간혹 접미사 '-들'의 쓰임이 잘못
되었다고 지적하는 경우가 있다. 예를 들어 '이번 사고로 많은 사람
들이 다쳤다'라는 문장에서 '많은'이라는 말 속에 여러 사람이라는
의미가 들어 있으므로 굳이 다시 복수를 나타내는 접미사 '-들'을
넣어 '사람들'이라고 할 필요가 없다는 주장이다. 이런 표현은 영어에
서 복수에 붙이는 '-s/-es'의 영향이므로 쓰지 않는 것이 바람직하
다고 말하기도 한다. 하지만 언제나 '-들'을 빼야 하는 것은 아니다.

㉠그 학생들은 선생님들과 여행을 떠났다.
㉡그 학생은 선생님과 여행을 떠났다.

㉠의 문장이 자연스러운 것은 아니지만 그렇다고 해서 무작정 '-들'
을 뺄 수도 없다. ㉡과 의미 차이가 있기 때문이다. ㉠은 몇 명인지 알

수 없지만 여러 학생과 여러 선생님을 의미하는 반면, ⓛ은 한 명의 학생과 한 명의 선생님을 뜻한다.

한편, 조사 '들'도 있다. 서술어를 지배하는 주체가 복수임을 나타내는 경우다.

• 많이들 먹어라.
• 안녕들 하세요?

이때의 '들' 또한 영어의 '－s/－es'와는 전혀 다르다. 문장의 주어가 복수임을 나타낸다고 하는 것은 단순히 문법 정보일 뿐 그보다 더 큰 한국어의 특성을 지니고 있다.

이런 가정을 해 보자. 나는 연극배우다. 공연에 앞서 여러 사람이 힘을 합쳐 무대 장치를 준비하는데, 급히 먼저 자리를 떠야 하는 상황이 생겼다. 힘든 일에서 혼자만 빠져나가자니 조금 미안한 생각이 든다. 하지만 일일이 인사를 하기엔 시간이 촉박하다. 그럴 때 우리는 "수고들 하세요."라는 말을 한다. 이때의 '들'에는 한 사람, 한 사람 각각에게 인사를 하지 못하는 미안함이 담겨 있다. 즉, 문법이나 언어의 효용성을 넘어서는 공감대가 있는 것이다.

또 대입 시험을 보러 가는 학생들에게 담임 선생님이 말씀하시는 경우도 생각해 보자. 이때도 '들'을 쓰지 말자는 주장에 따라 "시험 잘 봐라!"라고 하면, 선생님의 마음이 드러나지 않는다. "시험 잘들 봐라!"라고 할 때 뭉뚱그린 집단이 아닌 학생 개개인에게 전하는 선생님의 다정다감한 마음이 느껴진다. 이처럼 '들'은 명사나 대명사가 아닌 '잘'이라는 부사에도 붙을 수 있다.

졸업식 상황도 같다. 학생들이 떠난 텅 빈 교실에 혼자 남은 선생님은 생각한다.

"다들 떠나갔구나……."

이때도 '다'에 복수의 의미가 있으므로 '들'이 불필요하다고 말할 수 있을까? 이 '들'에는 1년 동안 가르쳤던 학생 한 사람, 한 사람의 얼굴과, 함께 보냈던 시간을 그리워하는 마음이 담긴다. 개별성이 드러나는 것이다. 즉, 한국어에서 '-들/들'은 문법적 표지 이전에 의미적 표지다.

'우리들'이라는 표현도 마찬가지다. 분명 '우리'라는 말은 이미 복수다. 여기에 굳이 '-들'을 붙일 이유는 없다. 하지만 '우리'와 '우리들' 역시 많은 차이를 갖는다. 동요 〈파란 마음 하얀 마음〉에서 '우리들 마음에 빛이 있다면'을 '우리 마음에 빛이 있다면'으로 고치면 그 느낌이 확연히 달라진다. 단순히 운율의 문제가 아니라, '우리들'이라는 말이 주는 공동체의 느낌이 사라지는 것이다.

한국어와 영어는 엄연히 다른 언어다. 한국어는 영어와 달리 수(數)의 범주가 확고하지 않기 때문에 잉여 표현처럼 보이는 것에서 새로운 의미와 정서를 창출한다. '-들/들'을 쓰고 안 쓰고는 여러 상황에 따라 달리 적용해야 한다. 무조건 '-들/들'을 빼자고 주장하는 것은 한국어의 특질을 이해하지 못한 처사다.

● '들'의 쓰임

• 감정을 나타내는, 즉 사람이나 동물을 가리키는 명사는 '유정 명사'라고 하고, 책이나 연필처럼 감정을 나타내지 못하는 사물을 가리키는 명사는 '무정 명사'라고 한다. '사람들이 모였다'나 '아이들에게 과자를 주었다'처럼 유정 명사에는 '들'이 붙을 수 있다. 하지만 '책상들이 많다'처럼 무정 명사인 경우에는 '들'을 빼는 것이 자연스럽다. '물들이 맑다' 같은 표현도 쓸 수 없다. '물'은 셀 수 있는 것이 아니라 질량의 성격을 갖고 있기 때문이다. '하늘들'이라는 표현도 마찬가지다.

• '들'은 수사에도 붙을 수 없다. 예를 들어 "어제 친구 셋들을 만났어."라는 표현은 가능하지 않다. 그래서 사전은 접사 '-들'의 항목에 '셀 수 있는 명사나 대명사 뒤'에 붙을 수 있다는 문법 정보를 싣고 있다. '사람들/그들/너희들/사건들'처럼 쓰라는 말이다.

• '들'이 의존 명사로 쓰일 때도 있다. 두 개 이상의 사물을 열거할 때, 그들 모두를 가리키는 경우나, 그 밖에 같은 종류의 사물이 더 있음을 나타낼 때 쓴다. 의존 명사이므로 접사 '-들'이나 조사 '들'과 달리 앞의 말과 띄어 쓴다.

• 포유류에는 개, 사슴, 고래 들이 있다.

'옛날 짜장'이 어때서?

10여 년 전 동네 어귀에 생닭을 파는 닭집이 있었다. 준수하게 생긴 청년이 닭의 모가지를 자르고 내장을 파내고 있었는데 일하는 모습이 어찌나 열심이던지 요즘도 저런 청년이 있나 싶은 마음에 응원차 슬쩍 말을 걸어 보았다. 마침 그 닭집에 '폭탄 세일'이라는 간판이 있기에 장난기가 발동하여 농담조로 '폭탄 세일'이라는 표기를 가리키면서 "혹시 폭탄을 팔아요?" 했더니 그는 약간 당황한 표정으로 "우리 집에선 폭탄 안 파는데요."라고 말하는 것이었다. "그런데 왜 폭탄 세일이라고 써 붙이셨어요?"라고 물었더니, 이상한 사람 다 보겠네 하는 표정으로 "그건 싸게 판다는 소리예요."라고 시큰둥하게 대꾸하는 거였다. 그래서 조금 더 장난기를 발휘하여 "옆집 과일 가게에는 '수박 세일'이란 팻말이 있는데, 그건 수박을 싸게 판다는 뜻이라는데요?" 했더니 그제야 빙긋 웃었다.

'폭탄'은 '화약 등의 물질이 급속히 폭발할 때 발생하는 에너지를 이용하여 목표물을 파괴하는 무기'라는 사실을 모르는 사람은 없다. 또한 대한민국에서 백주 대낮에 그런 위험 물질을 파는 곳이 있을 거라고 생각하는 사람들도 없을 것이다. 그럼에도 닭집 총각에게 '폭탄 세일' 운운한 것은 한번 장난을 쳐 보겠다는 심보 그 이상도 그 이하도 아니었다.

이런 장난기는 인내심을 모른다. 언젠가 종로에서 자장면*을 먹으려고 중국집**에 들어갔는데 그 집에 '옛날 짜장'이라는 메뉴가 있었다. 슬쩍 장난기가 발동했다. 한국인처럼 보이는 중국집 주인에게 물었다. "'옛날 짜장'이라고 씌어 있는데 그 자장면은 대체 언제 만든 것인가요? 혹시 지금 먹어도 탈이 안 날까요?" 주인은 웃으면서 "주문

---

* '짜장면'이라고 쓰고 싶지만 국립 국어원은 '자장면'이라는 표기가 옳다고 한다. 이와 관련해서는 260쪽 <슬픈 짜장면>을 보라.
** '중국집'도 정확하게 말하면 '중화요리를 파는 식당'이지 '중국 사람이 사는 집'이 아니다. 한국 사람이 중화요리를 팔아도 그곳은 여전히 중국집이다.

하시면 지금 만들어 드립니다."라고 말하는 것이었다. "그렇다면 '지금 짜장'이라고 써 붙여야죠."라고 했더니 주인은 "그래야겠네요."라면서 폭소를 터뜨렸다.

사실 '폭탄 세일'을 정확하게 표현하자면 '물건을 폭탄적으로 싸게 파는 바겐세일'이라는 뜻이다. '바겐세일'은 유행이 지났거나 성수기가 지났을 때 다음 계절까지 비용을 들여서 보관하느니 차라리 헐값으로라도 처분하는 일종의 할인 판매를 뜻한다. 이 바겐세일이 줄어서 '세일sale'이 되었다. 그러나 엄밀히 말하면 '세일'은 그냥 '판다'는 뜻이지 '싸게 판다'는 뜻이 아니다. '싸게 판다'는 엄밀하게 말해서 '바겐세일bargain sale'이다.

또, 여기서 '폭탄적'이라는 말은 '파격적으로', '엄청나게'라는 뜻이다. 이 '폭탄적으로'가 '폭탄'으로 줄고 '바겐세일'이 '세일'로 줄어서 '폭탄 세일'이라는 말이 생겨난 것이다. 그러나 누구도 이 '폭탄 세일'을 폭탄을 판다고 생각하지 않는다.

그러나 '수박 세일'은 수박을 싸게 파는 바겐세일이고, '신발 세일'은 신발을 싸게 파는 바겐세일임을 삼척동자도 안다. 그러나 삼척동자 중에는 '폭탄 세일'을 '폭탄을 싸게 파는 바겐세일'로 알아듣는 아이가 있을지도 모른다. 그렇다고 그런 아이들에게 언어의 정확성을 가르치기 위해서 '닭을 엄청나게 싸게 팝니다!'라고 써 붙여야 한다면 아마도 닭집 청년은 이렇게 말할지도 모른다.

"폭탄 세일을 폭탄을 싸게 판다는 뜻으로 알아먹는 사람은 없거든요!"

● 언어 순화의 방향에 대해서

일반적으로 언어의 순화(醇化)란 말을 인위적으로 다듬는 행위다. 앞에 나온 '바겐세일'을 '싸게 팔기'로 바꾸자는 것이 그런 예다. 언어의 사용에 있어서 불순한 것은 깨끗하게, 어려운 것은 쉽게, 규칙에 어긋난 것은 규칙에 맞게, 남의 것은 가급적 우리 것으로 바꾸자는 것이 언어 순화의 방향이다.

'왕따'는 부사처럼 쓰는 '왕'에 '따돌리다'의 어간 중 일부인 '따'가 결합되어 있으니 일반적인 한국어 조어법과 맞지 않는다. 이를 어법에 맞도록 '집단 따돌림'으로 쓰자는 방안이 나온 적이 있는데 이런 움직임도 언어 순화라고 할 수 있다.

그러나 '집단 따돌림'이란 단어를 국가 기관에서 쓰자고 해도 언중들은 한번 쓰기 시작한 '왕따'가 입에 붙어서인지, 아니면 '집단 따돌림'이란 단어가 길고 번잡하게 느껴져서인지, '왕따'를 '집단 따돌림'으로 바꿔 쓰자는 주장을 집단으로 따돌려 버렸다. 인위적인 언어 순화가 얼마나 어려운지를 보여 주는 단적인 사례다.

익숙한 것이 항상 옳은 것은 아니지만 언어 순화가 언중들에게 낯설고 부담스럽다는 느낌을 주는 방향으로 진행된다면 언어 순화의 방향에 대해 생각해 볼 필요가 있다. 언중들이 받아들일 수 있는 낯섦의 정도를 가급적이면 줄여 나가는 것이 언어 순화의 옳은 방향이 아닐까.

'완전 사랑한다'를 적극 지지한다

최근 '완전 소중하다', '완전 상큼하다', '완전 신기하다'처럼 '완전 ○○하다'라는 말을 많이 쓴다. 이 말은 2005년 한 연예인이 방송에서 "완전 사랑합니다."라고 한 때부터 유행했다고 한다. 이때의 '완전'은 '매우' 또는 '정말'이라는 뜻을 가지고 있다.

이 '완전'이란 말의 쓰임새를 두고 논란이 많다. '완전'은 명사이므로 '노사 분규 완전 타결', '무역 시장 완전 개방'처럼 '완전'이 다음에 오는 체언을 수식할 수는 있어도 '완전 좋다'처럼 용언을 수식할 수는 없다는 것이다.

하지만 '완전 ○○하다'의 구조처럼 명사가 동사를 수식하는 경우가 한국어에는 있다. '적극 지지하다', '적극 추진하다' 같은 것이 그런 예다. '적극' 또한 분명 명사임에도 마치 부사처럼 용언을 꾸민다. 문법에 맞지 않지만 이미 언중에게 익숙한 표현법이 됐다. 또한 과거에는 '엄청 크다', '엄청 비싸다'처럼 '엄청'을 부사처럼 쓰는 것은 틀렸다고 가르쳤다. 하지만 이 쓰임이 널리 쓰이자 현재의 사전은 '엄청'을 부사로 인정했다.

이러한 예를 볼 때, '완전 ○○하다'의 구조 또한 비문이니 쓰지 말자고 할 수만은 없는 노릇이다. 시대에 따라, 언중의 발화 습관에 따라 없던 말도 지위를 획득하는 일이 많다. 언어의 속성이다.

그럼 왜 이런 현상이 나타나는 것일까?

첫 번째는 '말의 경제성'이다

최근 여러 사례에서 발견할 수 있듯, 젊은 층을 중심으로 말을 줄여 쓰는 경향이 늘고 있다. 문장에서 각 단어의 첫 글자만 따서 하나의 단어를 만들기도 하고 _{완소남/넘사벽/지못미/닥본사 등등}, 두 개의 단어를 축약해서 신조어를 만들기도 한다 _{무플/강추/출첵/셀카 등등}.

부사처럼 쓰이는 '완전' 또한 부사 '완전히'를 줄여 쓰면서 새로운 의미를 부여한 것이라고 볼 수 있다. 이는 어법을 잘 몰라서 벌어진 일이기도 하지만, 한편으로는 웹 문화의 전형적인 특징이기도 하다.

두 번째는 '낯설게 하기'다

<그것이 알고 싶다>라는 제목을 가진 프로그램이 있다. 1990년대 초반 이 프로그램이 처음 생겼을 때, 사람들은 '어? 뭔가 이상하다.' 하는 반응을 보였다. 한국어 화자라면 당연한 일이다. 이 제목이

어색하게 들린 것은 '알다'가 타동사이기 때문이다. 즉, '알다'는 '그 것을 알고 싶다'처럼 목적어를 필요로 하는데 마치 자동사처럼 '그것 이 알고 싶다*'라고 하니 낯설게 느껴진 것이다. 예를 들어 '잘못을 알다'라고 하면 자연스럽지만, '잘못이 알다'라고 하면 이상한 것과 마찬가지다.

하지만 이 효과는 매우 컸다. 프로그램 이름이 금방 사람들 머릿속 에 각인됐으니까. '낯설게 하기'를 적절히 이용한 셈이다. 사람들은 '낯선' 것에서 새로움과 독특함을 찾는다.

세 번째는 '착시 효과'다

우리말 중에는 '명사'로도 쓰이고 '부사'로도 쓰이는 말이 많다. '각각/고작/보통/일체/잠깐/조금/필연' 등이 그런 예다. 어떤 경우에 명사로 쓰이고 어떤 경우에 부사로 쓰이는지 살펴보자.

명사로 쓰일 때	부사로 쓰일 때
• 그는 보통 사람이다.	• 보통 몇 시에 일어나니?
• 일체의 책임을 지겠다.	• 걱정일랑 일체 털어 버려라.

* '그것이 알고 싶다'가 문법적으로 틀린 것은 아니다. 보조사 '이'는 '갑자기 떡이 먹고 싶다'처럼 '—고 싶다' 구성에서 목적어나 부사어 뒤에 붙어 강조의 뜻을 나타 낸다.

이처럼 어떤 명사는 부사로도 쓰인다. 물론 겉으로 드러난 형태만 같을 뿐 의미도 용법도 다르다. '완전'도 이런 예처럼 사람들에게 명사로도 쓰이고, 부사로도 쓰인다는 착시 효과를 나타내고 있는 듯하다.

문법이 있고 말이 생겨난 것이 아니다. 말이 생겨난 뒤에 그것을 관찰하여 정리한 것이 문법이다. 많은 사람들이 지속적으로, 또한 자발적으로 잘못 쓰는 말이 있다면 새로운 문법으로 이해하고 존중해야 한다. 어문 규정은 말글살이를 돕기 위한 것이지 억압하려고 만든 것이 아니기 때문이다.

또한 과거의 문법만을 우리말 어법에 맞는 것이라고 주장하는 것도 바람직하지 않다. 이 주장이 옳다면 우리는 지금도 원시 언어나 세종 대왕 시절의 말을 그대로 쓰고 있어야 한다. 하지만 말은 생성·변화·소멸의 과정을 거치는 유기체다. 여기에는 늘 새로움을 찾아 나서는 언중의 특성이 반영될 수밖에 없다. 그 모험의 끝에서 과거와 다른 말과 어법을 생산하고 소비하는 것이다.

'완전 ○○하다'는 학자들의 우려와 달리 한국어의 체계를 무너뜨릴 만큼 큰 위험을 내포하고 있지 않다. 오히려 명사를 부사처럼 쓰는 신기한 용법을 하나 만들었다. '완전 ○○하다'에서 '완전'은 현재의 사전에 따르면 분명 명사이므로 현재의 어법에는 맞지 않는다. 하지만 이를 사람들이 '부사'처럼 쓰고 있다면 그 용법을 인정하는 것도 고려해야 한다.

● 문법을 이기는 언중의 힘

・너무

어떤 글쓰기 교본은 '너무'라는 부사가 잘못 쓰이고 있다고 말하기도 한다. '너무'는 '너무 싫다', '너무 위험하다', '너무 멀다'처럼 부정적인 의미를 갖는 문장에서만 쓰여야 하는데 '너무 좋아요', '너무 행복해요'처럼 긍정적인 의미를 갖는 문장에서 쓰는 것은 잘못이라는 것이다. '너무'에는 '지나치게'라는 뜻이 있는데 '너무 좋아요'라고 하면 '지나치게 좋아요'라는 의미가 되므로 잘못임이 틀림없다.

하지만 이 또한 언중이 '너무'를 긍정을 강조하는 의미로 쓴다면 사전이 받아들이는 것도 한 방법이다. 문법적으로도 잘못이 없다. 또한 '너무 그립다' 같은 예에서는 '정말 그립다', '매우 그립다'로 바꾸면 그 말맛이 달라진다. 즉 '너무'가 항상 부정적인 서술과 어울리는 것만은 아니다.

어휘는 시대의 흐름을 따라간다. 전 시대에서 어법에 맞지 않는다고 질타를 받던 단어가 지금은 하나의 문법 체계를 갖추고 있기도 하고, 비속어로 낙인찍혔던 단어가 버젓이 표준어로 인정받기도 한다.

・왕

부사가 아닌데도 부사처럼 쓰는 말도 있다. '왕 좋아', '왕 비싸다' 할 때의 '왕'이 그런 예다. 이때의 '왕'은 '매우', '너무'라는 의미로 쓴 것이다. 현재 사전은 '왕'을 명사 · 접두사 · 접미사로만 보고 있으므로 이처럼 부사로 쓰는 것은 어법에는 맞지 않는다. 하지만 꽤 재미있는 표현이라고 생각한다. 만약 '왕'을 '부사'로 쓰는 상황이 정착된다면 언젠가는 사전도 인정할 것이다. 앞에서 설명한 '엄청'의 변화를 보라.

명사	나는 세상의 왕이다.
접두사	왕개미
접미사	발명왕
부사	그 옷은 왕 비싸! (현재는 인정하고 있지 않음)

· 말의 지위

지금까지 '신조어' 또는 기존의 언어에 다른 의미가 붙거나 새로운 용법이 생기는 말들을 살펴봤다. 이것을 어디까지 허용할 것인가? 새로운 말이 생겼다고 해서, 또 언중이 그 말을 널리 쓴다고 해서 꼭 옳다고 할 수 있을까? 어떤 말은 생긴 후 한때의 유행을 타기도 하지만 곧 사라지기도 한다. 이런 소멸의 언어까지 어휘와 문법의 체계 속에 넣을 수는 없다. '말'이 자신의 지위를 갖기 위해서는 특정 계층뿐 아니라 많은 사람들이 오랜 세월 동안 보편적으로 사용해야 한다는 조건이 붙는다. 이것이 또한 언어의 속성이다.

외갓집엔 외할머니가 계신다

축구를 좋아하는 내 친구는 월드컵이 끝날 때마다 안타까운 목소리로 탄식한다.

"아, 아쉬운 석패였어."

4년마다 똑같은 소리를 들어야 하는 나도 친구를 향해 탄식하고 만다.

"아, 넌 그때 그놈이야!"

친구가 말한 석패(惜敗)의 '석(惜)'은 '아쉽다'는 뜻을 갖고 있다. 따라서 '아쉬운 석패'를 풀어 쓰면 '아쉬운 아쉬운 패배'라는 말이 되고 만다. 즉, '아쉬운'이란 말이 두 번 나온 셈이다. 이를 뜻이 거듭 겹친다고 하여 '의미 중첩'이라고 한다. '다시 부활(復活)하다'도 마찬가지다. '부(復)'가 '다시'라는 뜻이므로 의미가 겹치고 있다. 이런 예는 많이 있다.

- 역전 앞 (前과 앞)
- 외갓집 (家와 집)
- 낙엽(落葉)이 떨어지다. (落과 떨어지다)
- 박수(拍手)를 치다. (拍과 치다)
- 사약(賜藥)을 내리다. (賜와 내리다)
- 결실(結實)을 맺다. (結과 맺다)

위와 같은 예는 비교적 한자어의 뜻을 쉽게 파악할 수 있어 괜찮지만 아래의 보기에서 각각의 한자어가 갖는 의미를 파악하기는 쉽지 않다.

'여가'의 '가'에 '겨를(시간)'이라는 뜻이 있다는 것을, '탄신'의 '신'에 '일(날)'이라는 뜻이 있다는 것을 아는 사람이 얼마나 될까? 특히 '방금'이 한자어라는 사실을 알고 있는 사람은 드물다.

● 의미 중첩을 반대하는 입장

- 여가 시간을 활용하자 '여가(餘暇)'는 '일이 없어 남는 시간'이라는 의미이므로 '여가를 활용하여'처럼 쓰거나, '남는 시간을 활용하여'처럼 써야 한다.
- 석가 탄신일 '탄신'의 '신(辰)'에 '일(日)'의 의미가 있으므로 '석가 탄신'만으로 충분하다.
- 방금 전에 도착했다 '방금(方今)'은 '말하고 있는 지금보다 조금 전'이라는 의미이므로 '방금'과 '전'을 함께 쓸 수 없다.

이런 의미 중첩에 대해 많은 사람들이 잘못이라고 지적하곤 한다. 중복되는 의미를 쓰는 것은 언어의 경제성을 해친다고 말하기도 한다. 한자에서 이미 의미가 드러나고 있으므로 우리말로 그걸 다시 설명하듯 되풀이하는 것은 비효율적이라는 얘기다. 하지만 이는 한자 교육의 세례를 받은 세대의 어설픈 자만심이거나, 언어와 문장이 어떤 이유로 발생하여 언중에게 통용되고 있는지를 몰라서 하는 말이다.

의미 중첩을 철저히 배제해야 한다면 '초가집'도 쓸 수 없고 '외갓집'도 쓸 수 없게 되는데, 달은 '초가집' 지붕 위에 두둥실 떠 주서야 제맛이지, '초가' 위에 뜨면 프린트된 싸구려 달력 그림 같은 느낌이 난다.

또 '외갓집에 간다' 그래야 '아, 그리운 외할머니가 계시는 곳, 할머니가 쪄 주시는 감자와 삶은 옥수수가 있는 곳, 물장구치면서 물고기 잡는 곳, 그리운 곳…….' 하고 느껴지지, '외가에 간다' 그러면 좀 사무적이고 딱딱한 느낌이 든다. 그런 곳에 가서는 방학 내내 ≪탐구 생활≫만 열심히 풀다가 돌아올 것만 같다. 언어에 엄격한 잣대를 들이대기 시작하면 자유로운 생각을 억누르는 결과를 낳는다.

대부분 중첩 표현은 뜻글자인 한자어에 소리글자인 우리말 풀이가 곁들어진 독특한 구조로, 분명 의미가 거듭되는 것은 사실이다. 하지만 한자어만으로 이해하기 힘든 뜻을 명확하게 해 주는 긍정적인 면이 있으며, 의미를 강조하는 역할도 한다. 또 우리가 오래 그리 써 왔고, 또한 익숙한 언어 표현법이라는 점에서 무조건 잘못이라고 볼 수 없다.

대표적인 '의미 중첩' 문장으로 핍박받는 몇 가지 사례를 보자.

피해를 입다 흔히 '피해를 입다'라는 표현에서 '피해(被害)'의 '피(被)'에 '입다(당하다)'라는 뜻이 있으므로 의미 중첩이라고 말하지만 이는 잘못이다. 그렇다면 '피해를 주다'라는 말은 '내가 해를 입었는데 그걸 상대에게 건네다'라는 뜻이 되고 만다. 논리적으로 말

이 안 되는 것이다. 이때의 '피해'는 각각의 한자를 따로 풀어 '피
(被)'에 '입다'라는 뜻이 있다고 볼 수 없다. 우리말에 동화되면서
그 자체로 '피해'라는 뜻을 가지게 된 것이라고 봐야 한다.

낙엽이 떨어지다 '낙엽이 떨어지다' 또한 마찬가지다. 의미 중첩을
반대하는 사람들은 "낙엽은 이미 떨어진 것을 말하는데 어떻게 낙엽
이 또 떨어질 수 있는가? 백번 양보하더라도 '낙엽이 지다' 정도로 바
꿔야 한다."라고 주장하곤 한다.

이는 잘못 알고 있는 것이다. 가을 무렵 나뭇가지에서 이탈한 상태
에 놓인 나뭇잎이 '낙엽'이다. 꼭 땅에 떨어져 있는 것만을 지칭하지

않는다. 그렇다면 나뭇가지에서 이탈한 순간부터, 땅에 닿기까지의 시간 동안 '낙엽은 떨어지고 있는' 것이 되므로, '낙엽이 떨어지다'를 의미 중첩이라고 할 수 없다.

다음과 같은 경우도 생각해 볼 수 있다.

"초가집 지붕 위에 있던 낙엽들이 마당으로 떨어졌다."

이때도 낙엽은 분명히 '떨어지는' 것이지 '(낙엽이) 지는' 것이 아니다. '낙엽이 떨어지다'에 의미 중첩이란 억압의 칼을 씌우면 언어 생활의 자유로운 표현을 잃고 만다.

중대한 기로에 서다 '기로(岐路)'는 '갈림길'이라는 뜻이다. 어느 한쪽을 선택해야 하는 상황을 비유적으로 이를 때 쓴다. 그런데 '중대한 기로에 서다'를 의미 중첩으로 보아 '기로에 서다'로 쓰는 것만으로 충분하다고 주장하는 경우가 있다.

"기로(岐路)는 한쪽을 선택해야 할 상황이고, 어느 한쪽을 선택할 상황이라면 그것은 중대한 순간이 아닐 수 없다. 따라서 '기로'에는 의미상 '중대하다'는 내용이 포함되어 있다."라는 주장이다.

크게 보아 잘못은 아니지만 좀 더 생각해 볼 필요는 있다. 예를 들어 "축구를 볼지 야구를 볼지 기로에 서다." 같은 문장에도 '중대한 순간'이라는 의미가 들어 있을까? 축구를 보든 야구를 보든 이것은 단지 기호의 차이일 뿐이다. '기로에 서다'는, 관람의 예처럼 단순히 비유적 의미로 갈림길에 설 수도 있고, '남북 관계는 중대한 기로에 서다'처럼 선택에 따라 인생 · 관계 등에 큰 변화가 있는 결정일 수도 있다. 따라서 '기로에 서다'와 '중대한 기로에 서다'는 큰 의미 차이를 갖는다. 오히려 '기(岐)'가 '갈림길'이란 뜻이고, '로(路)'가 '길'이란 뜻이므로 '기로' 자체가 의미 중첩인 셈이다. 그렇다고 '기로'를 '기'라고 쓸 수도 없는 노릇 아닌가.

이런 예에는 '안타까운 부상'도 있는데 '기로'와 같은 논리라면 '부상'은 언제나 안타까운 상황이기 마련이므로 '안타까운 부상'이란 말도 의미 중첩으로 볼 수밖에 없게 된다. 그렇다면 "가벼운 부상을 입다." 같은 문장은 어떻게 할 것인가? 부상에 이미 안타까운 상황이 내재되어 있으므로 '가벼운 (안타까운) 부상을 입다'라고 괄호 안의 의미까지 넣어 풀이할 수밖에 없는데 말이 안 된다.

쉽게 말하자. 조용필 형님의 〈단발머리〉라는 노래에서 '발(髮)'과 '머리'가 같은 뜻이라고 해서 그냥 〈단발〉이라고 하면 그 맛이 살겠는가? 그 소녀가 나를 위해 꽃다발을 전해 주려 하다가도, 파마하러 냉큼 미용실로 뛰어갈 것만 같다. 퇴근길, 돼지 '족발'에 막걸리 한 사발을 걸쳐야 제맛이지 돼지 '족' 따위를 먹기는 싫다. '역전 앞에서 만나자'고 하면 금방 이해가 되는 반면, '역전에서 만나자'고 하면 한참 머리를 굴리고도 실제로는 어디서 만나자는 것인지 방향 감각을 잃고 만다. 여기엔 일반 언중이 널리 사용하고 있는 것을 틀렸으니 쓰지 말라고 단정할 수 없는, 좀 더 깊고 복잡한 언어 사회학적인 측면이 있다.

● 의미 중첩이라고 핍박받는 예

- 낙숫물 (水와 물)

- 전선줄 (線과 줄)

- 동해 바다 (海와 바다)

- 여운이 남다. (餘와 남다)

- 다시 회복하다. (回와 다시)

- 아름다운 미인 (美와 아름다운)

- 청상과부 (靑孀의 孀이 '과부 상' 자임)

- 한글과 한자를 함께 병기했다. (倂과 함께)

- 지구는 둥근 구체다. (구체는 이미 둥근 것)

- 뭇별처럼 많다. (뭇별은 이미 많은 별이란 뜻)

- 뜨겁게 녹인 쇳물 (쇠를 녹였으면 당연히 뜨겁다.)

그 외에도…

면도칼/속내의/양옥집/증조할아버지/추풍령 고개/고목나무/사기그릇/어린 소녀/남은 여생/옥상 위에/간단히 요약하다/따뜻한 온정/오랜 숙원/아름다운 미담/어려운 난관/하얀 백발

… 등등 무수히 많다. 이런 표현이 과연 잘못일까? 이들을 핍박하기 전에 왜 언중이 이런 말을 쓰는지부터 생각해 보자.

슬픈 짜장면

'짜장면'의 표기에 대해 국립 국어원은 '자장면(Zhajiangmian[炸醬麵])'에서 '炸醬'을 외래어 표기법에 따라 적으면 '자장'이 된다고 설명하고 있다. 또 과거 사전에서 '자장면'의 형태로 나와 있으므로 예전 언중 또한 그렇게 사용했음을 알 수 있다고 말한다. 이 주장은 과연 옳은 것일까?

'짜장면'의 기원에 관한 여러 가지 설

'짜장면'은 인천의 한 화교가 부두에서 일하던 중국인 노동자들을 위해 만들었다는 설이 있다. '1883년 인천항설'이 그것이다. 이보다 관련 자료가 좀 더 많아 사람들이 정설처럼 여기는 '1905년 공화춘설'도 있다. 하지만 이를 부정하는 의견도 보인다. 나이 지긋한 화교 중에는 '공화춘(共和春)'이란 이름에서 '공(共)'이 '공화국(共和國)',

즉 '중화민국'을 뜻하기 때문에 가능하지 않다는 것이다. '중화민국'의 개국이 1912년이므로 '공화춘'이란 중국집에서 1905년에 처음으로 '짜장면'을 만들었다는 설은 잘못됐다는 주장이다.

물론 이 반대 의견도 그대로 받아들이기는 힘들다. 사람의 기억은 왜곡되기 마련이고, '공화춘'의 '공(共)'을 중화민국이 아니라 다른 의미로 썼을 수도 있기 때문이다. 또 노점 형태의 간이 상점이었던 '공화춘의 전신'에서 '짜장면'을 만들어 팔았을 수도 있다.

이런 논란에 대해 양세욱 교수는 ≪짜장면뎐≫에서 "공화춘 탄생설이나, 자장면 탄생 100주년 운운은 이해 당사자들의 희망이 키워 낸 신화일 뿐."이라고 일축하고 있기도 하다.

일각에서는 '짜장면'이 우리 음식이라고 말하기도 한다. 겉모습은 중국 외모를 하고 있지만, 토착화된 춘장과 캐러멜 등을 넣어 한국인의 입맛에 맞도록 새롭게 재창조한 것이므로, 우리의 음식이고, 따라서 외래어 표기법의 지배를 받을 수 없다는 것이다. 이에 대해서는 약간의 변형은 있었을지 몰라도, 원조는 역시 중국의 산둥 지방에서 유래했다는 반론이 우세하여 지지하기는 어렵다. 설사 조리법에 차이가 있더라도 그 명칭만큼은 중국에서 왔다는 것도 부인하기 힘들다.

논란이 있는 이 주장을 새삼스레 꺼낸 이유는 그만큼 '짜장면'이란 표기를 언중이 절실히 원하고 있다는 사실을 극명하게 보여 주고 있기 때문이다. 오죽하면 '짜장면'이란 표기를 되찾기 위해 외래어 표기법을 피할 방법을 찾았을까?

'짜장면'은 어떻게 발음할까?

2010년 10월, 한 초등학교에 의뢰해 학생들이 '짜장면'을 어떻게 발음하는지, 또 표기는 어떻게 하고 있는지 조사했다. 개인적인 부탁이었고, 전문가에 의한 조사도 아니었으므로 완벽하게 신뢰할 수는 없지만 무려 96.5퍼센트의 학생들이 [짜장면]이라고 발음하고 있다.

반면 표기에서는 '자장면'이 우세한데, 이것은 학교 교육이나 학생 개개인이 여러 매체를 통해 '자장면'이란 표기에 익숙해진 결과라고 추측할 수 있다. 이런 사회적 영향에도 40퍼센트가 넘는 학생들이

'자장면'이 아닌 '짜장면'을 바른 표기라고 적었다는 것은 무엇을 의미하는 것일까? 단순히 무지에서 온 결과라고 할 수 있을까?

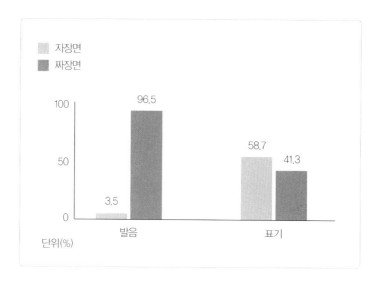

현재 ≪표준 국어 대사전≫은 '짜장면'의 발음을 표기 그대로 [자장면]으로 규정하고 있다. "'자장면'인가, '짜장면'인가?"에 대한 표기 논의에 앞서 발음 문제를 생각해 보자.

성균관 대학교 전광진 교수는 2009년 SBS 스페셜 <짜장면의 진실>에서 이렇게 말했다.

"'짜장면'의 '짜'가 권설음인데 우리나라에는 그런 음이 없다. 다른 말로는 설측후음이라고도 하는데, 우리에게 그런 음이 없다 보니, 우리 한국 음에 있는 음으로 들을 수밖에 없고, 그걸로 발음할 수밖에 없다. 그에 근접한 것이 [짜]이다."

중앙 민족 대학 태평무 교수도 비슷한 의견을 냈다.

"[zh]가 [ㅈ]로 발음되지 않는 이유는 중국어에서 [zh]가 순한 예사소리가 아니기 때문이다. 중국어에서도 된소리라는 느낌이 강하다."

위의 의견이나, 언중이 발화하는 습관을 보면, 앞에서 살펴본 '자장면의 기원'에 대한 여러 주장 사이에서 어떤 것이 진실이든, 당시 통용되던 '炸醬[zhajiang]'이 우리의 귀에는 [짜장]으로 들렸을 것이고, 이 발화가 현재까지 이어지고 있다는 사실은 의심할 여지가 없다.

'짜장면'으로 적어야 하는 이유

① '짜장'은 변형된 차용어

'차용어'는 외래에서 들어와 국어처럼 쓰이는 말이다. '버스/컴퓨터/피아노' 등이 대표적이다. '간접 차용어'는 최초의 언어가 직접 들어와 사용된 것이 아니라 중간에 다른 언어를 거쳐 들어온 말을 가리킨다. 포르투갈어인 pão가 원음 그대로 우리말에 동화되지 않고 일본어를 거치면서 '빵'이 된 것이 그런 예다. '담배'도 마찬가지다.

'간접 차용어'는 불가피하게 변형된 소리대로 들리고, 그 소리대로 적을 수밖에 없다. 만약 이런 간접 차용어의 소리 변형을 인정하지 않는다면 '빵'과 '담배'를 '팡'이나 '타바코'처럼 적어야 하지만 그런 표기는 누구도 납득하지 않을 것이다. 이미 오랫동안 그렇게 써 왔기 때문이다. 물론 '짜장'을 간접 차용어로 보기는 힘들지만 '짜장'의 관용성은 '빵'이나 '담배' 못지않은 세월과 내공을 쌓았다. 충분히 변형된 표기로 인식할 요건을 갖추고 있는 것이다.

멀리 갈 필요 없이 같은 중화요리라는 점에서 '짜장면'과 연관이 있는 예로는 '기스면/깐풍기/라조기'가 있다. '기스면'은 'jisimian[鷄絲麵]'에서, '깐풍기'는 'ganpengji[干烹鷄]'에서, '라조기'는 'laziji[辣子鷄]'에서 온 말이다. 이 말들을 사전에서 찾으면 한결같이 '←원래의 형태에서 변한 외래어'란 기호를 달고 있다. 즉, 이들은 모두 외래어 표기법과 아무 상관없이 변형 토착화된 말이다.

반면 '마파두부/양장피/오향장육' 등은 우리 한자음 그대로 적고 있다. 이는 우리가 그렇게 말하고 쓰는 '관용'을 인정한 것이다. 한편 '송화단/탕채/팔보반/피단' 같은 음식들은 우리 한자음 읽기를 하고

있지만 언중에게 익숙지 않은 음식이라는 점에서 관용이라고 보기 힘들다.

여러 중국 음식 중에서 거의 유일하게 '난젠완쯔(nanjianwanzi[南煎丸子])'만이 중국어 발음에 따른 외래어 표기를 외로이 지키고 있다. 하지만 '난젠완쯔'가 우리가 흔히 '난자완스'라고 부르는 음식이라는 사실을 아는 사람이 얼마나 있을까? 결국 중국 음식을 외래어 표기법대로 적겠다는 것은 애초에 잘못된 생각이다.

외래어 표기법에 따라 적은 예	난젠완쯔 nanjianwanzi[南煎丸子]
변형된 외래어로 읽은 예	기스면←jisimian[鷄絲麵] 깐풍기←ganpengji[干烹鷄] 라조기←laziji[辣子鷄]
관용을 인정한 예	마파두부(麻婆豆腐) 양장피(洋張皮) 오향장육(五香醬肉)
관용이라고 볼 수 없는 예	송화단(松花蛋) 탕채(湯菜) 팔보반(八寶飯)

외롭기는 '짜장면'도 마찬가지다. '짜장면'은 앞의 도표 어디에도 속하지 않는다. '짜장면'만 안 된다면 앞의 여러 예들도 대중에게 널리 알려진 '난자완스'를 '난젠완쯔'라고 개명(!)해 준 것처럼 정확한 중국어 발음에 따라, 정확한 표기를 적은 이름표를 가슴에 붙여 주어야 한다. '짜장면'만 따로 판단할 이유가 없는 것이다.

② '자장면'은 외래어 표기법에 따라 적은 것이 아니다

많은 사람들이, '炸醬麵'을 '자장면'으로 적은 이유를 외래어 표기법에 따른 것이라고 알고 있다. 하지만 '炸醬麵[Zhajiangmian]'을 외래어 표기법에 따라 그대로 적으면 '자장몐'이 된다. 그런데도 '炸醬'은 중국어 발음 [Zhajiang]을 따라 '자장'으로 적는다고 하고, '麵'은 [면]이라고 우리 한자음 읽기를 한다면 '자장면'은 도대체 어느 나라 말이 되는 것인가? 중국어인가? 한국어인가?

$$炸醬麵 = Zhajiang + 麵 [면]$$

중국어 발음 　　　　우리 한자음 읽기

결국 '炸醬麵'을 '자장면'으로 적는 것은 정확히 외래어 표기법을 적용한 것도 아니고, 그렇다고 관용 표기를 한 것도 아닌 국적 불명의 '짬뽕' 표기라고 할 수밖에 없다. 다시 말해, '炸醬麵'을 '자장면'으로 표기하는 것은 외래어 표기법에 따른 것이 결코 아니다. 이런 예를 언중에게 권장하고 따르라고 할 수 있을까?

③ '관용'을 인정해야 한다

외래어 표기법이 지금까지 모든 외래어에 표기의 원칙을 엄격하게 지켜 왔다면 모르되, '관용의 늪'에 너무 깊게 빠져 이제는 원칙과 관용 사이에서 헤어날 수 없는 지경에 이른 사실을 국립 국어원도 외면하지는 못할 것이다. 그동안 사전과 외래어 표기법을 비교하며, 또 정부·언론 외래어 심의 공동 위원회의 심의 결과를 참고하며 찾은 외래어 '관용'의 사례는 100가지가 넘는다. 실제로는 이것보다 훨씬 더 많을 것이다.

그래도 한 가지 다행스러운 점이 있다. 비록 양날의 칼로 작용해 왔고, 그래서 외래어 표기법을 '규칙의 적용'이 아닌 '개별 암기의 대상'으로 전락하게 만들었지만, 우리에겐 바로 그 '관용'이란 전가의 보도가 있으니까.

만약 '짜장면'이란 표기를 관용으로 인정하지 않는다면 모든 외래어의 관용 표기도 원칙대로 가야 한다. 유럽어족의 외래어와 몇몇 중화요리에 대해서는 '관용(慣用)'이라는 '관용(寬容)'을 한없이 베풀면서, 왜 유독 언중들이 그토록 원하는 '짜장면'이란 표기에 대해서는 엄격한 잣대를 들이미는 것인지 모르겠다.

표기를 '자장면'에서 '짜장면'으로 바꾼다고 하여 일관성 없는 행정이라고 국어원을 질책할 사람도 없다. 오히려 언중은 국어원의 결단과 배려에 힘찬 박수와 환영의 목소리를 보낼 것이다. 언중의 목소리에 귀를 기울이는 것이, 한국어라면 '국가 대표'들이 모여 있다는 국어원의 진정한 사명이 아닐까? ≪표준 국어 대사전≫ 또한 과거의 자료나 낡은 사전을 그대로 답습할 것이 아니라, 현재 언중이 쓰고 있는 말의 실태를 관찰하고 파악하여 스스로를 키워야 하지 않을까?

결국, 대다수 언중이 [짜장면]으로 읽고, '짜장면'으로 쓰는 현실을 고려하면 '짜장면'이 관용 표기로 적당하다. 즉, 현재의 '자장면'이란 표기를 '짜장면'으로 고칠 만한 충분한 이유와 동력이 있다. 무작정 고치자는 것이 아니다.

'짜장면'은 우리의 '추억 문화재'다

어린 시절, 아버지의 손을 잡고 처음 가 본 '짜장면집'이 떠오른다. 입구에 걸려 있던 대나무 주렴을 '자르륵~ 자르륵~' 아버지가 호기롭게 젖히던 소리도 잊을 수 없다. 낯선 중국풍 도자기 인형과, 어지러운 한자로 가득한 현액들이 낯선 호기심을 자아내던 풍경도 아련하기만 하다. 가난했으나 자상했던 아버지가 얇은 지갑을 열어 어린 자식한테 '짜장면' 한 그릇을 사 주며 흐뭇한 미소를 짓던 모습도 그립다. 나는 여기에서 가슴 아픈, 하지만 결코 슬프지 않은 자화상 하나를 찾는다.

그때 우리는 왜 '중국집'이라는 객관적 용어 대신 굳이 '짜장면집'이라는 주관적 용어를 사용하면서까지 '왕 서방네' 가게를 지칭했던 것일까? 왜 졸업식이면 싸구려 꽃다발을 품에 안은 채 '짜장면'을 한 그릇씩 먹어야만 직성이 풀렸던 것일까? 왜 군에서 휴가를 나왔을 때

제일 먼저 눈에 띄는 것이 '짜장면집' 간판이었을까? 우리의 유전자에는 도대체 어떤 추억의 인자가 각인되어 있기에 그리 홀린 듯 '짜장면'에 식탐의 눈빛과 숭배에 가까운 동경을 보냈던 것일까?

만화가 박재동 선생은 "정책의 문제가 아니다. '짜장'이란 말 속에 우리의 삶이 들어 있다. 삶의 역사, 추억이 들어 있고, 그 '짜장'이라는 말 하나 때문에 행복해지는 거다."라고 하면서 "'짜장'은 애환과 추억이 다 담겨 있는 정서, 그 말 하나가 주는 보물 같은 정서적 재산."이라고 말씀하셨다. '보물 같은 정서적 재산'이라니! 말만 들어도 가슴이 뭉클하다.

안도현 시인 역시 <그래도 짜장면이다>라는 글에서 '짜장면'에 대한 추억을 나지막이 읊조리다가 왜 '짜장면'이 '자장면'으로 둔갑했는지 한탄한다.

박재동 선생이나, 안도현 시인처럼 유명한 분들의 말씀을 끌어와 이 글의 논리로 삼으려는 게 아니다. 다만 왜 수많은 언중이 국립 국어원의 굳게 닫힌 문을 끊임없이 두드리며 '자장면'을 '짜장면'으로 부르게 해 달라고, 마치 호부호형을 외치던 어린 길동처럼 애타게 요청하는지를 헤아려 달라는 말을 하고 싶은 것이다.

이제는 '짜장면'을 먹고 싶다

왜 TV에서, 라디오에서, 신문에서, 그리고 잡지에서 '자장면'이란 표기에 의문을 품는 프로그램과 기사를 내보내고 있는지, 왜 멀리 중국까지 가서 '짜장면'이란 표기의 정당성을 취재하고 있는지, 왜 인터넷에서 '짜장면 표기 회복 운동'과, '짜장면 표기 사수 투쟁'을 벌이고 있는지, 그 이유를 헤아려 주었으면 한다.

외래어 표기법이라면 국어원 관계자 못지않을 만큼 전문가라고 할 수 있는 '출판 교정 편집자'들이 ≪짜장면(열림원)≫·≪짜장면뎐(프로네시스)≫·≪짜장면 불어요(창비)≫·≪천억 부자도 짜장면을 먹는다(답게)≫·≪짜장면 더 주세요(사계절)≫·≪세상에서 제일 맛있는 짜장면 (창비)≫처럼 '자장면'이 아닌 '짜장면'을 책 제목으로 삼고 있는 것인지, 왜 라면 회사들이 '자파게티·자자로니·자장범벅·북경자장·일품자장'이 아닌, '짜파게티·짜짜로니·짜장범벅·북경짜장·일품짜장'이란 이름으로 상품을 내놓고 있는지, 그 마음과 이유를 헤아려 달라는 것이다.

이것은 단순히 표기의 문제가 아니다. '짜장면'이라는 '추억 문화
재'를 지키기 위한 외침이다. 많은 사람들이 왜 한목소리로 "자장면
이 아닌 짜장면을 먹고 싶다!"라고 외치고 있는지에 대한 작은 생
각이다. '자장면'을 '짜장면'으로 고치는 것은 단순히 표기를 바꾸
는 일이 아니라, 우리가 함께 공유한 추억을, 그 소중한 자산을 지키
는 일이다.

> '짜장면' 냄새는
> 단지 우리의 위장을 배고프게 할 뿐이지만,
> '자장면'이라고 하는 낯설고 먼 나라의 표기는
> 우리의 추억을, 문화를, 정서를, 그리움을 배고프게 한다.
> 비록 가난하였으나,
> 이제와 돌이켜 보면 정겨움으로 가득했던
> 그 시절을 배고프게 한다.
> 부디, 우리가 다시 예전처럼 마음껏 추억에 젖어
> '짜장면'을 먹을 수 있도록
> '자장면'이란 슬픈 표기가 '짜장면'으로
> 바로 설 수 있기를 간절히 바란다.

○ 이 책을 쓰는 데 참고한 문헌 및 자료

- 강신주, ≪철학 VS 철학≫, 그린비, 2010
- 고영근 · 남기심, ≪표준 국어 문법론≫, 탑출판사, 1993
- 고종석, ≪국어의 풍경들≫, 문학과 지성사, 1999
- 고종석, ≪말들의 풍경≫, 개마고원, 2007
- 고홍준, ≪중학생이 되기 전에 꼭 읽어야 할 만화 국어 교과서≫, 스콜라, 2007
- 공자 · 김형찬(역), ≪논어≫, 홍익출판사, 2005
- 국립 국어원, <새 국어 소식 2000년 5월호>
- 국립 국어원, ≪표준 국어 대사전≫, 두산동아, 1999
- 국립 국어원 · 한국 어문 교열 기자 협회, ≪이런 말에 그런 뜻이?≫, 2009
- 국립 국어원 · 한국 여성 정책 연구원, ≪성차별적 언어 표현 사례 조사 및 대안 마련을 위한 연구≫, 2007
- 김경용, ≪기호학이란 무엇인가≫, 민음사, 1998
- 김경원 · 김철호, ≪국어 실력이 밥 먹여 준다≫, 유토피아, 2006
- 김광균, ≪와사등≫, 미래사, 1991
- 김보일, ≪과학으로 세상 읽기≫, 휴머니스트, 2007
- 김수영, <이 거룩한 俗物들>, 동서춘추, 1967
- 김영랑, ≪김영랑 시집≫, 범우, 2011
- 김육훈, ≪살아 있는 한국 근현대사 교과서≫, 휴머니스트, 2007
- 김철호, ≪국어 독립 만세≫, 유토피아, 2008
- 데보라 태넌 · 남재일(역), ≪널 사랑해서 하는 말이야≫, 생각의나무, 2006
- 데보라 태넌 · 정명진(역), ≪남자를 토라지게 하는 말, 여자를 화나게 하는 말≫, 한언출판사, 2001
- 동아출판사, ≪동아 새 국어사전≫, 1989
- 동아일보, <아기 돼지 소동과 표현의 상처>, 2008. 02 .05.
- 리의도, ≪말을 잘하고 글을 잘 쓰려면 꼭 알아야 할 것들≫, 석필, 1997
- 박용찬, ≪외래어 표기법≫, RANDOM HOUSE, 2007
- 박이문, ≪문학 속의 철학≫, 일조각, 1999
- 벤자민 리 워프 · 신현정(역), ≪언어 사고, 그리고 실재≫, 나남출판, 2010
- 서정주, ≪화사집≫, 문학동네, 2001
- 세계일보, <'이슬람 테러' 호도하는 서구인들>, 2008. 02 .05.
- 아리스토텔레스, ≪형이상학≫, 동서문화사, 2008
- 아서 제이 클링호퍼 · 이용주(역), ≪지도와 권력≫, 알마, 2007
- 안도현, <그래도 짜장면이다>, 한겨레, 2005

- 안도현, ≪가슴으로도 쓰고, 손끝으로도 써라≫, 한겨레출판, 2009
- 알리기에리 단테, ≪단테의 신곡≫, 황금부엉이, 2010
- 앙투안 드 생텍쥐페리 · 김화영(역), ≪어린 왕자≫, 문학동네, 2007
- 앤드루 클레먼츠 · 햇살과나무꾼(역), ≪프린들 주세요≫, 사계절, 2001
- 양세욱, ≪짜장면뎐≫, 프로네시스, 2009
- 연합뉴스, <대만서 '돼지고기 강요 말라' 시위>, 2010. 05. 17.
- 연합뉴스, <美 13세 소년, 에베레스트 최연소 등정>, 2010. 05. 22.
- 연합뉴스, <英서 '아기 돼지 삼 형제', '강아지 삼 형제'로 바뀔 뻔>, 2007.03. 20.
- 윤구병, ≪잡초는 없다≫, 보리, 1998
- 이규호, ≪말의 힘≫, 제일출판사, 1994
- 이병갑, ≪우리말 문장 바로 쓰기 노트≫, 민음사, 2009
- 이상규, ≪방언의 미학≫, 살림, 2007
- 이준익, <구르믈 버서난 달처럼>, 영화사아침, 2010
- 이희승(편), ≪국어 대사전≫, 민중서관, 1961
- 이희승 · 안병희, ≪한글 맞춤법 강의≫, 신구문화사, 1994
- 정희창, ≪우리말 맞춤법 띄어쓰기≫, RANDOM HOUSE, 2007
- 조남호, ≪속담 활용 글쓰기≫, RANDOM HOUSE, 2008
- 조셉 코케이너, ≪대지의 수호자 잡초≫, 우물이있는집, 2003
- 조윤정, <'짜장면' 표기 및 발음 조사, 신기 초등학교>, 2010
- 조지 레이코프 · 유나영(역), ≪코끼리는 생각하지 마≫, 삼인, 2006
- 조지 오웰 · 김기혁(역), ≪1984≫, 문학동네, 2009
- 조항범, ≪우리말 활용 사전≫, 예담, 2005
- 존 레니 쇼트 · 김희상(역), ≪지도, 살아 있는 세상의 발견≫, 작가정신, 2009
- 주간경향, <달려라 고향 열차, 한국 철도 110년>, 2009. 10. 13.
- 카트린 파지크 · 알렉스 숄츠 · 태경섭(역), ≪무지의 사전≫, 살림, 2008
- 필립 볼 · 강윤재(역), ≪H_2O≫, 양문, 2003
- 한겨레, <크레파스의 '살색' 참 우스꽝스러워>, 2010. 01. 14.
- 한국일보, <심산의 산과 사람 (38) 제프 태빈>, 2006. 11. 15.
- 한필훈, ≪우리말 실력을 키워 주는 한자≫, 휴머니스트, 2007
- KBS 드라마 <나쁜 여자, 착한 여자>, KBS, 2007
- KBS 드라마 <솔 약국 집 아들들>, KBS, 2009
- SBS 스페셜 <짜장면의 진실>, SBS, 2009

● 이 책은 저희 두 사람의 생각을 담은 것입니다. 하지만 언어 세계는 두 사람의 눈으로 바라보기에는 너무 넓고 너무 거대합니다. 단편적으로 바라볼 수 없는 측면도 많습니다. 또한 언어는 계속 생성하고 발전하는 유기체와 같고, 때로는 소멸하는 과정을 밟기도 합니다. 이런 변화 속에서 저희와 다른 생각을 갖고 계신 분은 아래 주소로 오시어 좋은 말씀을 남겨 주십시오. 여러분의 생각을 듣고 함께 의논하는 시간을 갖고자 합니다.

또한, 여러 번에 걸쳐 세심하게 교정을 보았으나, 혹시 오·탈자가 있거나 띄어쓰기 등이 잘못된 부분이 있을지도 모릅니다. 추후 이런 부분을 발견하면 수정 내용을 아래 주소의 게시물에 적어 두도록 하겠습니다.

■ 찾아와 주실 곳
http://cozoo.blog.me/40126088735